眉一著

找到真愛的

100

句話

THE PSYCHOLOGY
OF LOVE

幸福的
存摺

Preface 作者序

打通戀愛任督二脈

　　很多人形容人生就像船隻出航，在廣無邊際的大海中冒險前進個人都渴望航向某個終點，最好玩的是——每個人的終點都不一樣。

　　愛情，其實也是一樣。

　　我們每天工作、吃飯、睡覺，感覺就像在一座島上生活，至於情，則是島嶼之外的一大片海洋，我們可以選擇進入海洋尋找幸福可以選擇在島上過著快樂日子，也能時而留在島上、時而出海。當想要出海時，可以選擇赤手空拳「噗通」一聲跳進湛藍海洋、運用資源蓋艘大船再出航，或者「航海王」一下。

　　什麼是「航海王」一下？

　　我們都知道魯夫雖然想成為航海王，但最弔詭的是，魯夫本人沒有船。沒有船，卻想要成為航海王？這之間的落差似乎有點大（說法）。但魯夫最後還是成功踏上邁向航海王之路，因為在成為航之前，幸運的魯夫借力使力弄來一艘黃金梅莉號，讓自己踏上璀璨奇又充滿冒險的航行。這艘航向幸福愛情的黃金梅莉號，就是這本現的原因，在書裡，我們也向許多領域借力使力。

　　借力使力第一招：

　　挑選出古人們對愛情留下的真知灼見、名言佳句，有些話放到社會來看似乎更為貼切，有些則時過境遷，並不適用；依然適用的話，已經適用足足幾百年時間，這些句子所傳達的概念跟想法，值們再次細細咀嚼，往往有驚人的意外收穫。至於已經不適用的那些

更值得我們多看一眼，因為那些已經不適用的話，背後象徵的意義，很可能就是人類在感情領域進步的證據。

借力使力第二招：

在這本書裡，借用非常熱門的心理學實驗（是真的做過實驗操弄的實驗），利用實驗數據探討人類的愛情模式跟行為模式，先拋開用數據解釋感情是否妥當、是否合乎人性、實驗操弄漏洞可能有多少？去掉某些我們不要的部分，其實實驗結果裡仍藏了不少珍珠。

身邊很多朋友，不管是男人或女人，都曾在愛情的路上跌跌撞撞，就算現在修成正果披上美麗婚紗，掀開潔白婚紗，底下依然藏了許多不為人知的酸甜苦辣，其實愛情可以再更輕盈一點、開心一點、享受一點！只要……某些事情或道理，我們能早一點點知道，情況或許會完全不同。現在我們將一起輕鬆掌握書中100個關鍵戀愛概念，讓幸福的愛情開始在我們掌心中慢慢轉動起來吧！

最後，祝福每一位拿起這本書的人，都能擁有自己想要的愛情以及戀愛型態，也很謝謝你們拿起這本書。最後的最後，感謝媽咪、金城妹、黃律師、徐老師、葳、琦、毅、南、好、在生活工作等各方面給予各種協助的朋友們、張先生、出版社每一位重要的同仁們，以及許多提供訊息與動人故事的朋友們。謝謝你們出現在馥眉生命裡。謝謝你們！

繪者序

大家好，我是幸福女王，在之前教大家如何存錢的書中，克服種種難關、獲得了各種存錢技能與法寶之後，我的生活就愈來愈幸福！

所以在這本書中，由我擔綱主角演出，希望大家不止在「理財」方面幸福，在愛情裡也可以一直「幸福到永遠」！

在這本書中，導演讓我嘗試了各種造型、角色扮演，像是扮成木頭娃娃（大家有發現我的心不見了嗎？別緊張，那是特效！）；扮成天使，用鋼絲吊在半空中親吻被封印的愛；還有一個人獨自面對海洋觀看夕陽美景，當天氣溫只有十度呢！在大家看不到的地方，其實全塞著暖暖包哩！

最開心的就是這次除了我之外，還有許多演員參加演出喔！我甚至還被男演員告白了呢！（不過是劇本要求的啦！）但説到告白，還真是令人臉紅心跳，但是要讓喜歡的人能明了自己的心意，告白真的是很重要，大家一定要好好的練習、努力表達自己的心情喔！

還有還有，敬請期待本書首次登場的反派角色，隸屬於盜賊集團的「魔笛手」！
偷偷告訴大家，雖然魔笛手很喜歡惡作劇，不過只要拿糖果給他吃，他就會乖乖聽話喔！

Contents 目錄

第1章　真愛線索　9

Contents 目錄

紅酒杯上的裂痕關係　155

Contents 目錄

Chapter 1

真愛線索

　　愛情是甜蜜的，就算經歷過痛苦、不堪或磨難，不管對方是否能一直待在自己身邊，「真心相愛」的種子到最後還是會開出一朵美麗的花。

有些愛，
從孤獨裡盛開

情人會離開我們身邊，但愛情卻可以永遠留在我們心裡。也許我們的心比我們想像中的還要大，所以可以容納一整片愛情海……

很多人都說，法國的男人很浪漫，但其實不是法國的男人很浪漫，而是法國的女人很敏感。

因為敏感，只要稍微感覺到點情緒波動，便會坦率的表現出來，而不是積壓在心裡深處任其腐敗，甚至把自己的心變得僵硬、乾涸，直到無知無覺。

我們常常覺得自己很好、以為自己很好、也告訴身邊所有的人自己很好，可是如果真的這麼好，為什麼每到夜深人靜時，心中隨著月亮漲潮的不是寧靜與祥和，而是滿滿的孤寂？

也許那是因為我們對愛的了解很少，就像科學家對深海的了解比外太空還要少一樣。能想像得到嗎？地球人了解遙遠的太空，居然比身邊的海洋還要多？

男人來自火星，女人來自金星，或者相反也無所謂，而愛情就像一片海洋，我們對異性的了解，永遠比對愛情的了解多一點。情人會離開我們身邊，但愛情卻可以永遠留在我們心裡。

也許我們的心比我們想像中的還要大，所以可以容納一整片愛情海，雖然我們對它的了解依然十分有限，但它的確就存在在我們心中。

愛情小天使：
這個世界到處充塞著虛假的愛，
但這並不代表真愛並不存在。

愛情是份禮物，還是磨難？

只要男女真心相愛，即使終了不成眷屬，也還是甜蜜的。
——丁尼生

離開的，只是情人
　　　但愛，從沒有離開過......

愛情究竟是人生裡的糖，還是毒？

不管是否能十指交扣走完一輩子的時光，也不一定要穿著白紗步入禮堂，心裡頭名為「真心相愛」的種子，依然會破土盛開……

有人說：「愛情是包裹著毒藥的糖。」也有人說：「愛情是一片塗著蜂蜜的吐司，吃的時候是甜的，後來才發現蜂蜜是會引來蜜蜂的，嘴裡的甜最後得成為心頭宛如被蜜蜂螫刺的痛。」

還有人說：「愛情外殼的糖衣只是虛幻不實的假象，裡頭的毒藥才是唯一的內容物。」也許這些說法都沒有錯，只是聽起來有種……淡淡的寂寞跟受傷的感覺。

如果這就是愛情的真面目，我們為什麼還要渴望愛情呢？愛情最幸福的結局是什麼？

十指交扣，還是走入婚姻，或者是十指交扣加上走入婚姻？如果這就是答案，為什麼又有人說「婚姻是愛情的墳墓」？

愛情，從來不在人的嘴巴上盛開，而是像一顆種子埋入「心土」中，只要兩人當下都以「真心」灌溉，不管是否能十指交扣走完一輩子的時光，也不一定要穿著白紗步入禮堂，心裡頭名為「真心相愛」的種子，依然會破土盛開……

愛情不是包裹著毒藥的糖。愛情也不是一片塗著蜂蜜的吐司。愛情外殼的糖衣絕不只是虛幻不實的假象。愛情是甜蜜的，就算經歷過痛苦、不堪或磨難，不管對方是否能一直待在自己身邊，「真心相愛」的種子到最後還是會開出一朵美麗的花，而這朵花嚐起來的味道一定是甜的。

愛情小天使：

只要真心相愛，不管過程有多酸、苦、辣，最後的味道一定是甜的。

愛情是份禮物，還是磨難？

生活就像一盒巧克力——你永遠不知道你會吃到什麼口味。

——《阿甘正傳》

愛情裡的太陽理論

如果有一個人，總是站在我們的角度思考問題，
請別懷疑，這個人正深深愛著我們。

全新的粉嫩嬰兒餓了就哭，想睡就睡，食物到了嘴邊想
吃就吃。這是我們剛出生時的狀態，每一個舉止動作都是為
了讓自己存活下去、不斷長大成人。身體在我們約莫十多歲
時，幾乎會完成所有成長，甚至有能力產育下一代，**但身體
的成長完成，並不等於心智也同樣完成成長**。

當我們還是孩子時，往往只會以自己的苦樂得失為所有
的苦樂得失，全副注意力都放在自身的需求上，忽視身邊其
他人的需求。甚至是至親的需求，用簡單一點話來說，就是
「以自我為宇宙中心」。就像太陽一樣，認為身邊所有的星
球都應該圍繞自己打轉，這是嬰孩身上普遍會有的認知。

例如：當孩子踏進從未到過的森林時，他會說「這是我的樹」、「這是我的小羊」，當孩子開始注意到「這不是我的樹」、「這不是我的小羊」時，代表他已經開始慢慢認清什麼是主體、什麼是客體，是「認知能力漸漸成熟」的一種表現。

我們很容易體察到自身的苦樂得失，卻很難知道身邊其他人的苦樂得失。道理其實很簡單，因為我們離自己的需求很近，心痛、飢餓、悲傷、快樂都很容易從自身生理反應或情緒反應窺知一二。

可是我們想知道別人的心痛、飢餓、悲傷、快樂，卻需要透過「敏銳的觀察」才能得知。

母愛是所有感情中最天然、純粹、豐沛的。

當媽媽們入睡的時候，不一定能聽見老公回家時的關門聲，卻能在嬰孩啼哭的第一聲霍然瞪大雙眼，跳下床，衝到孩子身邊。

如果有一個人，總是站在我們的角度思考問題，在我們都還沒意識到自己需要什麼東西之前，對方便把那件東西送到我們面前，請別懷疑，也許這個人正深深愛著我們。

愛情小天使：

真正愛我們的人，看起來總是比我們還了解自己，其實對方並不一定比我們還了解自己，但對方一定是全世界最關心我們的人。

愛情是份禮物，還是磨難？

真心愛著一個人的時候，會忘記自己的苦樂得失，只關心對方的苦樂得失。

——羅蘭

最甜也最苦的東西

在愛情裡，最甜的甜，往往是苦中帶甜的甜最甜。

在愛情裡，最苦的苦，往往是甜中帶苦的苦最苦。

　　情人碰面時，常常還沒來的及說上句話，便忍不住先獻給對方一朵大大的甜美微笑；情人分離時，儘管人不在身邊，心裡卻會常常想念起對方，甚至讓想念殘廢了當下的生活。今天對方收到自己精心挑選的禮物，臉上露出開心的表情，收到這個表情的人甚至比收到禮物的人更開心，這就是愛。

　　對方出了意外，受傷躺進醫院，看著眼前雙腿裹上厚厚石膏的戀人，正在對自己微笑，低聲說著「我沒事啦」時，眼淚頓時潰堤，在對方面前哭得完全無法節制，這也是愛。

戀人一個小小的行為、短短的一句話、無意間瞥來的一記眼神，就是全世界最甜美的一切。相同的，戀人一個小小的行為、短短的一句話、無意間瞥來的一記眼神，也可能是全世界最苦的東西。

　　在愛情裡，最甜的甜，往往是苦中帶甜的甜最甜。在愛情裡，最苦的苦，往往是甜中帶苦的苦最苦。**常常有人會懷疑愛情的真實性，如果遠距離的想念、超越生死的思念、想起對方時臉上不自覺流露出來的微笑、只要見到對方便心生歡喜這些都不是愛，那是什麼呢？**

愛情小天使：
愛情不是具象的房子、車子，或者麵包，但抽象的愛情往往比具象的東西對我們更具有影響力。

愛情是份禮物，還是磨難？

愛情是真實的，是持久的，是我們所知道的最甜也是最苦的東西。

——夏洛蒂・勃朗特

先有孩子，
還是先有愛？

我們常常誤把「愛情」跟「生下孩子」這兩件事，
做了過度不適當的強烈聯結。

先有雞，還是先有蛋？「蛋生雞，雞生蛋」這個問題爭論許久，到今天仍沒有一定的定論。

但複雜的愛情，在這方面所引起的疑問，比雞跟蛋之間的爭論還要簡單、明朗許多。孩子，是愛情的結晶；但有擁有孩子，並不等於擁有愛情。先有愛情，再有孩子，這是自然而然的事情。先有孩子，再有愛情，這是如履薄冰的事情。

曾有朋友不顧身邊所有人反對，執意未婚懷孕生下孩子，眾人反對的原因有兩個，第一個是對方並不愛她，第二

個則是她本身尚無工作能力。生下孩子以後，她抱著襁褓中的孩子，多次前往男人住所，卻多次被拒於門外，不得其門而入。我們常常誤把「愛情」跟「生下孩子」這兩件事，做了過度不適當的強烈聯結。

例如；我們很常從電視聽到的一句台詞：我愛他，所以一定要生下他的孩子。如果情況真是如此，那麼婚後生下數個孩子，或者根本不想生孩子的那些夫妻，因為經濟、年紀過大……等因素，最後忍痛選擇拿掉孩子，這是他們不愛彼此的表現嗎？我們無法決定愛情的去留，但我們能決定是否張開雙臂迎接一個新生命的到來。

是否擁抱愛情？這個問號的背後，回答的常常不是理性，而是感性。是否擁抱嬰孩？這個問號的背後，回答的常常不是感性，而是理性。

愛情小惡魔：
愛情本身是純粹而美好的，卻被貼上許多奇怪的標籤，遮住了視線，讓我們在愛情裡常常因此迷了路。

愛情是份禮物，還是磨難？

愛情只在深刻與神秘的直觀情況下，才可能產生，才能得以存在。生兒育女並不是愛情本身。

——索洛維約夫

欲望之愛or為愛而愛

如果我愛對方就會願意，天底下還有比生活在愛裡更優渥的環境嗎？

在人的一生當中，我們會擁有許多欲望，想要過得更好、想要學習更多、想要買東西不用看標價、想要獲得一份錢多事少離家近的工作、想要不斷升遷、想要出人頭地、想要擁有房子車子妻子孩子金子……

以上這些都是欲望之流，並不是真愛之求。

聽過不少朋友的人生計劃表，像是30歲要買車、35歲要娶老婆或嫁人、40歲要買房，諸如此類。每次聽見有人說幾歲要結婚，心頭都會忍不住冒出一個大問號：他們怎麼知道35歲一定可以遇上真愛？

　　後來才明白，他們要的不是真愛，只是想要盡快達成某些預定好的人生目標，而「找到真愛」這一項目，並不在這些人生目標裡。

　　什麼是欲望之愛，什麼又是為愛而愛？我們可以透過以下幾個小問題，稍稍窺探兩者之間的差別：

　　如果和對方在一起，可以因此少奮鬥三十年，願意嗎？
　　欲望之愛回答：當然願意！這是天上掉餡餅的事，有誰會不願意？
　　為愛而愛回答：如果我愛對方就會願意，雖然這中間很能會折損了部分自尊。

　　如果和對方在一起，可以出入自己從未去過的場所，願意嗎？
　　欲望之愛回答：願意，就當作是給自己開開眼界，多增廣見聞有什麼不好？
　　為愛而愛回答：如果我愛對方就會願意，雖然很可能必須重新適應很多事情。

　　如果和對方在一起，就會失去現在所有優渥的生活條件，願意嗎？
　　欲望之愛回答：需要好好重新評估，沒道理跟一個人在一起之後，就得拋開現在優渥的生活。

為愛而愛回答：如果我愛對方就會願意，天底下還有比生活在愛裡更優渥的環境嗎？

　　如果和對方在一起，必須開始過起風平浪靜的穩定居家生活，願意嗎？

　　欲望之愛回答：不願意，那樣的日子不是會很無聊嗎？

　　為愛而愛回答：如果我愛對方就會願意，「歲月靜好」所嚮往的不正好是這樣的生活？

愛情小惡魔：
凡事「以愛為前提」，才有可能擁抱真愛。

愛情是份禮物，還是磨難？

愛，如果是為了利己而去愛，這份愛便不是真愛，而只是一種欲。

——愛德門

懼怕愛情，
等於行屍走肉

行屍走肉，是因為不懂好好珍惜尋常生活；
不懂好好珍惜尋常生活的人，往往也對愛情一知半解。

生活需要「感受」跟「感謝」。愛情也是，同樣需要感受跟感謝。

每天張開雙眼，我們率先感受到陽光的光度與熱度，催促著我們趕快翻開全新的一天，緊接著，我們可以感受到水的潔淨與溫柔，幫我們打理好自己，帶著一張清新的面孔跟身體重新再出發。

愛情也是。每一段愛情，都能感受到曖昧期的微酸甜蜜、熱戀期的強烈火熱、穩定期的安心溫柔。有的時候我們也必須承受愛情所帶來的苦澀分離或痛苦分手，愛情裡酸甜

苦辣各種口味，都是我們學習的課題。儘管生活常常苦多於樂，只有當我們擁抱生活、積極過生活時，生活才能帶給我們更多驚奇與甜蜜。

在愛情領域裡，只有當我們願意放下上段感情的痛苦與悲傷時，愛情才能重新帶給我們最棒的幸福與快樂。

愛情小惡魔：

行屍走肉，是因為不懂好好珍惜尋常生活；不懂好好珍惜尋常生活的人，往往也對愛情一知半解。

愛情是份禮物，還是磨難？

懼怕愛情，等於懼怕生活，而懼怕生活的人，等於半具僵屍。

——伯·羅素

生活是可怕而且醜陋的。當兩個人果然在一起後，愛情就會由蜜糖化為口香糖，愈嚼愈淡，淡到後來竟是澀澀苦苦的，不由得你不吐掉。

——朵拉

愛情的條件

如果我夠聰明、夠小心謹慎選擇情人，應該要選擇前者，可是我這幾天滿腦子只想著一件事，就算要和後者一起到街頭表演，似乎也不是一件痛苦的事情。

Joanna最近很煩惱，沒人追的時候，一個人清清靜靜的，雖然偶爾會冒出一點小孤單的感覺，但總比夾在兩個男人之間，不知道自己應該選擇哪一個好。

朋友察覺她的狀況，特地利用午休時間把人約出來聊天。朋友問Joanna：「這兩個男人，妳對他們有什麼看法？」

Joanna回答：「一個是科技新貴，年薪破百，做事很有條理，另一個是街頭藝人，喜歡玩魔術，收入十分不穩定。」

朋友聽完，困惑皺眉，問Joanna：「這有什麼難以選擇的？直接選擇妳心裡想要的那個就好了啊。」

　　Joanna微微一笑：「如果妳是我，妳會選誰？」
　　朋友回答：「應該是科技新貴吧！感覺比較靠譜，也可以和對方好好計劃將來。」

　　Joanna再次微微一笑：「但問題是我想和妳沒選的那一個在一起，我知道這聽起來沒什麼理智，也知道依條件來說，前者優於後者，如果我夠聰明、夠小心謹慎選擇情人，應該要選擇前者，可是我這幾天滿腦子只想著一件事，就算要和後者一起到街頭表演，就算從此要為三餐煩惱，仔細想想，似乎也不是一件痛苦的事情。」

愛情小天使：
不管生活過得再苦，只要兩人擁抱愛情，也能心甘情願享受苦中帶甜的生活滋味。

愛情是份禮物，還是磨難？

行為理智的稱不上愛人。
愛情裡，謹慎小心與犧牲奉獻是相互矛盾。
　　　　　　　　　　——湯瑪斯，哈代／英國作家

愛情的視覺是心靈

在表層上，男人跟女人似乎都在追求視覺或聽覺上的感官刺激，但在深層的骨子裡，我們都同樣在追求心靈的契合。

常聽到一句話，男人是「視覺」的動物，女人是「聽覺」的動物。

撥開這兩句話的外衣，用直白一點的話來說，就是男人只在乎眼睛裡所看到的女性長相是否夠正、是否身材夠辣，如果事業線表現不錯，那差不多就是這麼回事了。至於女人，只要對她說點甜言蜜語，不管是真是假，只要說得漂亮、說得動人，賣弄點口才跟文采，那差不多也就是這麼回事了。

也許這是一種現象，一種現實，但再仔細想想，是不是會覺得有些悲傷呢？人類的愛情，難道就只是這樣？

如果我們再往下聽，就會聽到更多的聲音正在說——

女朋友要交身材火辣的寶貝，可是娶老婆就不是這麼回事，娶老婆要挑那種可以相處得來的，最好還可以說上兩句話的最好！男朋友要挑可以逗我們開心、懂得製造浪漫的，但老公一定要挑專情又鍾情的那一種，重點是要有肩膀扛責任、守承諾。

表層上，男人跟女人似乎都在追求視覺或聽覺上的感官刺激，但在深層的骨子裡，我們都同樣在追求心靈的契合。

愛情小惡魔：

我們容易被外在的聲音和影像所迷惑，因為這些東西比較容易看得到和聽得到，但容易得到的往往不是我們真心想要的；人的心靈總埋得比較深，需要赤誠的兩人，願意同時打開心房，走出自己，表達自己，才有可能得到對方的理解與愛情。

愛情是份禮物，還是磨難？

愛情的視覺不是眼睛，而是心靈。

——富蘭克林

成功或失敗，
都是一種得到

如果喜歡一個人或心裡深深愛著一個人，請不要深埋藏在心裡不說，以為時間會帶來改變，因為現實生活狀況裡，「時間」有時候並不會帶來改變，只有「行為」才可以！

　　許多人在愛情面前，總是卻步的、缺乏勇氣的。我們抱著自己的心意與感情，觀察著對方的一舉一動，猜測對方是否對我們擁有相同的感情？

　　於是，我們開始仔細推敲對方的一舉一動，總是想得很多，卻做的很少，擔心自己告白失敗怎麼辦？到時候自己是不是有能力收拾殘局？

　　對方會不會從此用異樣眼神看待自己？如果告白了，現在這樣輕鬆自在的關係是不是即將宣告瓦解？別人又會怎麼看待我們？

我們總是自己一個人想了很多，對自己說了很多，卻很少思考該怎麼努力把自己的心意跟感情，好好向對方表達清楚。在愛情的世界裡，我們都喜歡按兵不動這一招，之所以喜歡這麼做不是為了對方，而是為了維護自己的尊嚴。我們常常只考慮到自己應不應該向對方表白心意，卻從未考慮過對方是不是也有知道這份感情的權利？

　　在愛情的世界裡，**我們都喜歡「按兵不動」這一招**，但真正能發揮效果的往往是「勇往直前」。如果喜歡一個人或心裡深深愛著一個人，請不要深埋藏在心裡不說，以為時間會帶來改變，因為現實生活狀況裡，「時間」有時候並不會帶來改變，只有「行為」才可以！

愛情小天使：
學會坦承自己內心真正的感受與感情吧！如果我們沒有因此得到愛情，至少我們得到了勇氣。

愛情是份禮物，還是磨難？

有時候深謀遠慮，反而不及一時衝動。

——威廉·莎士比亞

世界上最遙遠的距離

天長地久有時盡，天涯海角也有盡時，只有心裡的距離能夠遠得無遠弗屆，遠得詭異，遠得讓人莫名其妙又為之神傷不已。

世界上最遙遠的距離，不是橫越整個地球的距離，也不是坐上太空船衝上外太空飛向幾億光年之外。

也許這些距離也夠可觀的了，但於我們何干？所以我們感到不痛不癢，這些距離看起來好像很具體，有的甚至有標明明確數據，但我們一點也不覺得遙遠，頂多覺得他們似乎很遠。

很遠，是種「物理現象」，有明確數據可以顯示，對我們來說有些事不關己的味道。

遙遠，是種「心理現象」，無明確數據可以顯示，對我們來說可能便足以撕心裂肺。

天長地久有時盡，天涯海角也有盡時，只有心裡的距離能夠遠得無遠弗屆，遠得詭異，遠得讓人莫名其妙又為之神傷不已。

「世界上最遙遠的距離不是天涯海角，而是我就站在你面前，而你卻不知道我愛你。」這是全世界最短卻最沉痛的超短篇小說。

愛情小惡魔：
愛情絕對是惡魔的化身，只要我們稍微粗心大意一點，它便叫愛情遠離我們，或者將世界上最遠的距離——「心的距離」放在我們跟心裡所愛的人之間。

愛情是份禮物，還是磨難？

世界上最遙遠的距離不是天涯海角，而是我站在你面前，你卻不知道我愛你！

——泰戈爾

愛情是場最弔詭的推理劇

女人的嘴巴在她面前一張一闔，不知道說了些什麼，最後轉頭朝屋子裡吼，緊接著男友出現了。看見Pamela，男友也懵了，臉色當場刷白，吶吶開口問了一句……

愛情，有時候就像一場錯綜複雜的推理劇。

這場最弔詭的推理劇，不到最後一刻答案揭曉，我們都不知道自己究竟是扮演主角的角色，還是配角的角色，或者更慘——我們充其量不過是個偶爾上台跑跑龍套的小角色。

Pamela半年前交了一個男朋友，當時兩人工作都忙，一個禮拜大約平均只能碰面兩次左右，因為下班時間都不早了，除了剛開始頭幾次在外頭吃飯之外，之後的約會地點常常都在男方租屋裡。

兩人交往一個多月後便發生關係，此後更順理成章維持每星期二跟星期五，在男方租屋裡約會的習慣。每次約會兩人都會到外頭買宵夜回到住所，吃完食物，頂多再洗個澡，兩人便會滾上床。

　　Pamela曾自己想過，這樣的交往模式健康嗎？雖然兩人交往快要半年，但真正談天溝通的時間並不多，每次吃完宵夜後就已經很晚，幾乎每次約會都在做那件事。

　　有天，公司主管開恩讓大家提早下班，Pamela想給對方一個驚喜，在沒有提前告知對方的情況下，獨自買了宵夜去找男友，到了男友家門口，按了門鈴後，赫然發現門口怎麼會出現一雙高跟鞋？

　　Pamela看著高跟鞋，心裡還在想，這雙高跟鞋不是自己的，會是誰的呢？直到門一開，一名衣衫不整的女人就站在她面前時，Pamela還傻傻愣住，久久反應不過來。

　　女人的嘴巴在她面前一張一闔，不知道說了些什麼，最後轉頭朝屋子裡吼，緊接著男友出現了。

　　看見Pamela，男友也懵了，臉色當場刷白，吶吶開口問了一句：「我們今天又沒約，妳怎麼跑來了？」

Pamela好不容易反應過來跑向電梯時，聽見男友正在跟那個女人道歉，好不容易電梯來了，Pamela走進電梯，在電梯闔上前一秒，看見男友正跪在地上，給那個女人——正牌女友低聲下氣地道歉。

愛情小惡魔：

有人說，愛情是盲目的。其實盲目得不是愛情，而是人的眼睛，以及人陷入混亂時的感情，因為當我們真正愛上一個人時，感覺是混亂的，所以才會誤以為愛情是盲目的。

愛情是份禮物，還是磨難？

有時候一直要等到下了台，才會知道自己扮演了什麼角色。

——勒克·波蘭詩人

愛情，
是場華麗的心理戰

愛情，就是單純愛情。就算沒有以上這些，愛情也會依然存在，相同的，就算擁有以上這些，不存在的愛情依舊無法存在。

　　真正的愛情，往往只存在於一個人的心裡，至於「行為」或「表白」只是它的一種表現形式而已。

　　一個人對另一個人很好，噓寒問暖、替對方加衣添飯，這些都是愛情的表現形式，也有人稱之為「相愛的證據」。但「相愛證據」，並不等於「相愛」，也不等於「真愛」。

　　「相愛證據」，就像是從人類身上剪下來的指甲片或者是頭髮，只是人類身上的一小部分，並不能代表一個完整的人，而且這一部分還是被捨棄掉的那一部分，就像生活中多餘得一些片段而已。

在上一篇「愛情是場最弔詭的推理劇」中，Pamela曾一度以為男友對自己身體的迷戀、一個禮拜兩次的約會、即使工作再累也要約會的心意，以及激烈的性愛就是愛情。後來Pamela發現自己錯了，而且錯的很離譜。

愛情，就是單純愛情。對身體的迷戀，不等於愛情；一個禮拜兩次的約會，不等於愛情；即使工作再累也要約會的心意，也不一定就等於愛情；激烈的性愛，更無法等於愛情。

愛情，就是單純愛情。就算沒有以上這些，愛情也會依然存在，相同的，就算擁有以上這些，不存在的愛情依舊無法存在。

愛情小天使：

不要拿自己「內在的愛情」，和別人「所表現出來的愛情證據」做比較，否則不滿足的欲望，將會把最後一丁點愛情通通吞噬掉。

愛情是份禮物，還是磨難？

行為理智的稱不上愛人。愛情裡，謹慎小心與犧牲奉獻是相互矛盾。

——湯瑪斯‧哈代／英國作家

愛情，只存在於.....
　　　　一個最重要的位置！

最奢華的珍貴禮物

世界上有一種禮物，富豪就算傾家蕩產花錢也不一定買得到。但是這個東西我們都可能可以擁有，而且說不定曾經擁有過、現在依然擁有，或者未來即將擁有。

什麼是這個世界上最珍貴的禮物？

出門有跑車加司機接送、身穿最新一季的香奈兒，還是可以住在全世界景觀最好的超大型豪宅別墅裡？這個禮物，對富豪們來說根本不是問題，只需要動動手指，或張嘴吩咐下屬去辦，這些東西要多少有多少，一點也不稀奇，既然不稀奇，當然也就無所謂珍貴與否的問題。

什麼是這個世界上最珍貴的禮物？

擁有全世界最棒的頭腦，不管問題再難，只要難題送到我們面前，丟進腦子裡，總會有辦法可以解決。這個禮物，對很多人來說根本不是問題，只要肯動腦袋去想，其實世界上鮮少有真正過不去的難題。

不過，這世界上有一種禮物，富豪就算傾家蕩產花錢也不一定買得到、再聰明的人也無法用計獲得。

　　但是這個東西我們都可能可以擁有，而且說不定曾經擁有過、現在依然擁有，或者未來即將擁有，這個禮物就是「愛情」。

愛情小天使：

擁有愛情，等於擁有了全世界；擁有了全世界，卻沒有愛情，這會是我們想要的嗎？

愛情是份禮物，還是磨難？

小時候我覺得所謂的奢華，是皮草大衣、豪華禮服，和海邊的別墅。後來，我以為成為知識份子就是一種奢華。現在我卻覺得，應該是能夠和一個男人或一個女人愛得難分難捨，才叫奢華。

——安妮，愛諾，法國作家

愛情是種通俗信仰

向愛情低頭，我們才有可能採集到埋在地底之下、那些最甜美的果實。向愛情低頭，往往是為了成就兩個人的幸福，而非棄毀我們自己。

人，不能向命運低頭，否則很可能會被嚴苛的命運打敗，從此昏天暗地、陷入一蹶不振的悲慘世界裡。

人，也不能向失敗低頭，因為失敗往往是通向成功的基石，我們不僅不能向失敗低頭，還要踩著一個又一個的失敗，高舉雙手，摘下高處最甜美的成功果實。

人，更不能向自己的出身低頭，而且也不需要向自己的出身低頭，因為剛開始最惡劣的出身，往往是為了成就一個人，而非棄毀一個人。

但，人應該向愛情低頭。向愛情低頭，我們不會因此被嚴苛的命運所打敗，從此陷入一蹶不振的悲慘世界裡。

向愛情低頭，我們才有可能採集到埋在地底之下、那些最甜美的果實。

向愛情低頭，往往是為了成就兩個人的幸福，而非棄毀我們自己。

愛情小惡魔：
在愛情面前，最霸氣的男人也會學會臣服，最驕傲的女人也會懂得低頭。

愛情是份禮物，還是磨難？

見了他，她變得很低很低，低到塵埃裡，但她心裡是歡喜的，從塵埃中開出花來

——張愛玲

每個人都會出生兩次

心臟從「規律的跳動」橫跨到「失序狂跳」之間，一定有什麼東西介入了，否則它不會無緣無故跳得像快起瘋一樣。這個介入的東西，會不會剛好就是愛情呢？

有人問：「如果受精卵只是受精卵，那麼生命是從哪一刻跑進媽媽肚子裡的？」有人回答：「應該從出生的那一刻開始算起吧？古人不是常說什麼『胎死腹中』，卻好像沒聽過什麼『嬰死腹中』或『兒死腹中』對吧？證明在母體裡頭的時候，只是一個胎，直到從母體出來、離開母體後，才算被生出來，才是一個嬰兒，一個小小的新生命。」

有人點點頭，有人若有所思。一個人想了很久之後，慢條斯理開口說話：「我相信寶寶在媽媽肚子裡，突然擁有心跳的那一刻，就在心臟開始跳動的第一下，就已經是一個完整、能有所感受的生命了。」

心臟是我們每個人在媽媽肚子裡，就開始跳動的器官，直到我們駕鶴西歸、嚥下人生最後一口氣，它才會停止跳動。

不過，這個盡忠職守的心臟，並不是天天都乖乖規律地跳動著，每個人或多或多都有類似以下的經驗，當心儀的對象出現在視線裡時，心臟總會突然莫名加速，把人搞得臉紅心跳。

在心臟健康的前提下，這個心臟從「規律的跳動」橫跨到「失序狂跳」之間，一定有什麼東西介入了，否則它不會無緣無故跳得像快起瘋一樣。這個介入的東西，會不會剛好就是愛情呢？

愛情小天使：
每個男人都會出生兩次，一次是從母親肚子裡出來的時候，第二次則是遇見心儀的女人時。愛情是個公平主義者，每個女人也同樣能夠出生兩次。

愛情是份禮物，還是磨難？

我父親給我一顆心，卻是你讓它跳動。

——巴爾札克

關係複雜，不複雜？

分手的姿態可以很狼狽，也可以很從容，分手的心態可能很醜陋，也可能很包容，而包容最大的功用，不是為了對方，而是為了自己，以及還在關心自己的那些夥伴們。

女孩和男孩相戀了7年多，已論及婚嫁，雙方家長也都正式見過面。

在後來交往的3年裡，女孩和男孩的媽媽因為興趣相投，從一開始必須由男孩作陪，到後來兩人時常相約出去吃飯、旅行、看電影，成為相當要好的忘年之交。

男孩的媽媽心裡一直認定，這個女孩將來是要嫁到他們家的媳婦，直到有一天，男孩的媽媽發現兒子似乎有些不對勁，她拼命問兒子，卻始終沒有得到明確的回答。

男孩的媽媽最後忍不住了，乾脆直接打電話給女孩，一問之下，才赫然發現他們已經分手，原因是兒子劈腿！

知道後，男孩的媽媽馬上在電話那裡頭痛哭失聲，深深自責：「都是阿姨不好，不會教小孩，我不知道自己的兒子這麼壞！」

女孩聽了，也跟著難過起來，哽咽地說：「阿姨，不是妳的問題，是我們之間的感情變了，跟阿姨一點關係也沒有。」

不管女孩怎麼安慰，男孩的媽媽在電話裡依舊不斷自責：「是阿姨不會教，可是阿姨真的很喜歡妳，本來以為妳鐵定是我的媳婦，沒想到會……突然……發生這種事……」

剛分手時，女孩忍住打電話的衝動，不願介入阿姨與前男友的新生活。經過漫長的兩年後，某天，阿姨突然打電話給女孩，女孩因手機沒電而沒接到電話。

後來，女孩聽見阿姨的留言，立刻回電：「阿姨？最近好不好？」「我很好，很好，已經退休囉！妳什麼時候方便，等妳下班，阿姨去妳公司附近找妳吃飯？」「我都可以，今天也ok喔！」

（待續——）

愛情小惡魔：

分手的姿態可以很狼狽，也可以很從容，分手的心態可能很醜陋，也可能很包容，而包容最大的功用，不是為了對方，而是為了自己，以及還在關心自己的那些夥伴。

愛情是份禮物，還是磨難？

愛情使人心的憧憬昇華到至善之境。

——但丁

在腐敗的愛情裡，開出智慧的花朵

在人生中，許多關係的定位，是依照許多人眼中的關係線來設定，但彼此的心與感情，只有彼此才能夠知道。

那一晚，女孩跟久違的阿姨在熟悉的餐廳裡，聊得很開心，臨走前，阿姨才猶豫地坦承：「阿姨接到妳的電話時，真的好高興，我朋友都勸我不要打這通電話，說我們的關係比較複雜不適合再連絡──」

女孩知道阿姨是會想很多的人，馬上笑笑地開口：「不複雜啊！不管以前我們的身分是什麼，我們只是『現在』的『朋友』。」阿姨聽了，微微一愣，隨即也釋然地笑開。

人與人之間的關係認定是死的，從外人眼中看來，她們的關係是兒子的前女友跟無緣的婆婆，恢復聯絡，想必也將引起許多人諸多的臆測。

外人眼中既定的這些關係，是僵硬的、虛假的，唯有心中那份柔軟的感情，才是真真切切、值得我們用心珍惜！

如果因為拘泥於世人眼中的相對關係，而捨棄這段儘管不連絡，卻時常把對方放在心上的感情，是否未免太過可惜？

在人生中，許多關係的定位，是依照許多人眼中的關係線來設定，但彼此的心與感情，只有彼此才能夠知道。

女孩和這位阿姨都很幸運，能夠拋開一般人眼中的定位，不從有限的選擇中去選擇，反而運用智慧，將想法轉個彎，讓這段感情得以延續，其實這不也是智慧的一種表現？

愛情小天使：

擁有愛情，等於擁有了全世界；擁有了全世界，卻沒有愛情，這會是我們想要的嗎？

愛情是份禮物，還是磨難？

愛情，是歎息時吹起的一陣煙霧。它是充滿智慧的瘋狂，哽喉的苦味，同時也是沁舌的蜜糖。

——莎士比亞

天秤兩端
的愛情與友情

友誼要像愛情一樣才溫暖人心，
愛情要像友誼一樣才牢不可破。

很多人在談戀愛時，會先把朋友們暫且擱到一邊，傾其所有熱情、時間、精力於戀愛對象身上，一旦分手，才會又回到朋友身邊吸取點滴溫暖。

這樣沒有什麼不好，但也沒有什麼好。

Amy跟Iris是從小就認識的好朋友，兩人平常各有各的生活，一年難得碰面一到兩次，每次聚會聊得都是對方近一整年來的生活。

有一年兩人再次相約，卻在聚餐前幾日Amy突然傳訊息給Iris，說自己臨時有事不能赴約，貼心的Iris見對方沒有

說明原因，也沒再約其它時間，雖然心裡有點失望，但仍開朗的要Amy好好忙自己的事情，之後有空再約就可以了。

一個月過去……兩個月過去……六個月過去……Iris始終等不到Amy的訊息。

在第八個月時，Amy傳訊息給Iris，表明自己即將結婚，那時候Iris剛好人在國外，來不及回台灣參加好友的訂婚宴，不過幸好來得及參加結婚婚宴，看著Amy穿著夢寐以求的婚紗，完成自己的終生大事，Iris內心充滿感動。

Amy結婚後，兩人利用社群網站的留言方式互通一陣子訊息，約好要找個日子出來好好聊一聊，只是日子一天一天過去， Amy為了照顧兩個家庭的長輩，始終沒有再跟Iris通過訊息。

直到幾年後，Iris日記本裡還保留著Amy結婚時分送給親友的小照片，但兩人已經毫無聯絡，Iris雖然曾經想聯絡對方，可是怕給她帶來困擾而作罷。

很久很久以後，Iris偶爾還是會翻看日記本裡的照片，回想兩人以前的友誼，在心中祝福她能過得很好。

只是，每當想起Amy為了和相親結婚的老公約會，臨時推掉跟自己的聚餐，心裡頭不免仍會微微刺痛著⋯⋯

愛情小惡魔：
有時候我們以為自己得到了什麼，其實卻正在失去更多。

愛情是份禮物，還是磨難？

有了朋友，生命才顯出它全部的價值；保持自己生命的完整，不受時間侵蝕，也是為了朋友。友誼要像愛情一樣才溫暖人心，愛情要像友誼一樣才牢不可破。

——莫爾·約翰

愛是種能量，而不是武器

真正愛一個人最終的目的，不是死亡，更不應該只是深層的絕望。

給親愛的卻已不在的那個人：

真正愛一個人的最終目的，不是死亡，更不應該只是深層的絕望。

如果曾經擁有過愛，就算對方真的走了，離開我們，這份愛，還是會一直、一直留在我們中。

這是誰也偷不走的寶貝，我們可以永遠保有這份愛，至於那個不愛我們、甚至讓我們傷心難過的人，就讓他走吧。

只要我們肯願意回頭看看身邊那些關心的眼神，愛我們的人就站在這裡，還在懇求我們回頭看他們一眼，不要這麼快做出對他們如此殘忍的決定。

他離開我們，是他的損失，這是所有愛我們的人都知道的事。只有傻瓜才不愛我們，他就是這樣的傻瓜，讓那個傻瓜離開我們的生活，不好嗎？

如果他不曾愛過我們，就更不需要為他這樣做，他不會因此而有所改變，會改變的——只有所有愛我們的人感到震驚與痛苦，怪自己沒有早點發現到我們的傷心，在我們需要的時候拉我們一把。

真的愛應該是種能量，而不是武器。

尤其我們還打算拿它來傷害自己、傷害身邊所有愛我們、關心我們、會因我們這樣做而傷心痛苦一輩子的人。

我們真的想為了一個根本不值得的人傷害自己，甚至結束自己的生命，然後狠狠懲罰還活著、那些深深愛著我們的人？

我們——忍心嗎？

愛情小惡魔：
愛可能會讓我們失去些什麼，但只有失去的愛，不是真愛。

愛情是份禮物，還是磨難？

我知道我會失去一些，但我從來不知道自己會失去這麼多。

——黛安娜王妃

Chapter 2

「練」愛秘笈20招

雖然好感≠愛情，

但如果沒有好感，有時候再多的互動也是枉然。

愛情擺了人一道

隨著時間推進，兩人互動越來越頻繁，頻繁之後便是越來越尋常，尋常久了，兩人自然而然就走在一塊兒。

很多愛情的開端，起源於一點點的好感；但如果只有一點點的好感，彼此卻沒有更多互動，就這點好感通常也起不了太大的作用。

Iris某次在朋友聚會的場合中，認識了席間的Brad，兩人很有話聊，對許多電影以及書籍的看法都各有自己的主張。另外對生活的價值觀也相當一致，聚會結束時，Brad主動向Iris要了社群網站的帳號，加她為好友。

當晚，泰半旁觀者都以為這兩人會開始積極聯絡，應該過沒有多久就可以傳出好消息，但實際情況並非如此。

那陣子，Iris工作遭逢比較大的變故，放了很多心力在事業上，Brad雖然曾數次約Iris一起看電影、吃飯，但Iris只答應和他一起看過數部電影，漸漸的，兩人之間的聯繫變少了，到最後幾乎很少再有互動。

直到兩人都認識的朋友結婚，又在婚宴會場碰到面，在長達兩個小時的喜宴上，Brad得知Iris最近換了新工作，正在找離現任公司比較近的租屋，便自告奮勇要幫忙注意。

原來Brad的公司剛好在她新公司附近，仗著地利之便，Brad積極表現，協助Iris以最快速度找到滿意的租屋。

更棒的是兩人租屋相距不到兩條街，從此Brad有事沒事就跟她巧遇，像是感受到他的誠意，Iris租屋裡發生有東西壞掉，或是東西煮太多吃不完……等等一類雜事，都會叫上Brad過來拔刀相助。

隨著時間推進，兩人互動越來越頻繁，頻繁之後便是越來越尋常，尋常久了，兩人自然而然就走在一塊兒，走在一起久了，最後兩間租屋乾脆也合併在一塊兒，開始了甜蜜的同居生活。

愛情小惡魔：
愛情是兩個人之間最私密的事，往往旁人看它就快成了，卻莫名其妙半途荒廢了。

愛情是份禮物，還是磨難？

愛情不是花蔭下的甜言，也不是桃花源中的蜜語，不是眼淚，更不是強迫。愛情，是建立在兩個人的共同語言之上。

——莎士比亞

當愛情輕敲肩膀時，平日對詩情畫意總是不屑一顧的男人，都會化身為詩人。

——柏拉圖

經營好感，
就跟打桌球一樣

雖然好感≠愛情，但如果沒有好感，有時候再多的互動
也是枉然。

　Iris和Brad的感情起源於一丁點的好感，第一次在朋友
聚會中相遇，雖然留下聯絡方式，也曾經一起出去約會過，
可惜火侯不足，加上Iris當時又心有旁鶩，儘管對Brad有好
感，卻也是有一搭、沒一搭互動著，最後磨損掉了珍貴的好
感，兩人漸行漸遠。

　幸好老天爺又給了他們第二次再相遇的緣份，在婚宴上
兩人時間充裕又多聊了很多生活上的變動，一個有心相助，
另一個也願意讓他為自己拔刀相助，天時地利人和一下子全
都趕上最恰恰好的位置，於是兩人很快便一拍即合。

想要從一丁點的好感，逐步發展成為真正的戀愛或愛情，中間的「練愛過程」絕對佔據最關鍵的致勝要素。什麼時候約對方最好？要用什麼方式約？約去哪裡最好？時間點選在情人節當天會不會太過敏感？吃飯好，還是看電影好？這些問題沒有標準答案，但在對方心中一定會有一個「最佳解答」。

　　如果我們心中有以上這些疑問，請不要埋頭苦苦逼問自己，這只是在自己為難自己而已，不如抓起手機，傳個訊息給對方，透過旁敲側擊的詢問，從對方口中挖出那個「最佳解答」，才是上上之策。雖然好感≠愛情，但如果沒有好感，有時候再多的互動也是枉然。

愛情小天使：
在愛情的世界裡，好感雖不是萬能，但沒有好感便萬萬不能。

愛情是份禮物，還是磨難？

愛情沒有特定的法則。

—高爾

發號施令愛情中是行不通的。

—蒙田

A心中最大的人生懸案

在A把B家裡所有電器用品差不多都快修完一輪後，頓時體內信心倍增，心裡頭想著：B肯定對我有意思吧？否則幹嘛不找別人幫忙修東西，偏偏老找我？

好感有時候就像一根火柴，「啪」的一聲劃開一道小火焰，接著開始與對方你一來、我一往，如火如荼的互動宛如兩支大軍交戰，打從看見了彼此之後就沒怎停消過。

先是A幫忙B修電腦，接著B說要回請對方吃個飯才不會不好意思。A婉拒，B堅持。結果飯是吃了沒錯，沒想到A居然搶了帳單，豪爽付了帳，心裡想著自己越欠越多的B，連忙又提出不如下次請對方看電影的提議。

就這樣你欠我，我又欠你，欠到最後乾脆走到一塊兒，從此不分你我，和樂融融戀愛去。

不過，類似此類「你欠我，我又欠你」的「練愛技巧」，常常傳出慘絕人寰的慘況，而且這種宛如被人蒙在鼓裡的慘，往往更令事主當場措手不及，許久無法將思緒釐清。

　　鏡頭先回到A幫忙B修電腦，接著B說要回請對方吃個飯才不會不好意思。A婉拒，B堅持。結果A修了電腦，B請了一頓飯。

　　故事發展到這裡都沒什麼太大的問題，真正的問題在後頭。

　　後來B又找A幫忙修電燈、修水管、修電視、修電話，在A把B家裡所有電器用品差不多都快修完一輪後，頓時體內信心倍增，心裡頭想著：B肯定對我有意思吧？否則幹嘛不找別人幫忙修東西，偏偏老找我？

　　數月過去，A偶然間從朋友口中得知B開始談戀愛了，但對象卻是不知打哪冒出的程咬金C！

　　A大為傻眼，自己想不透，卻因為臉皮薄不敢張揚找B問個痛快，從此這個案件在他心中留下一個永遠也想不通的超級懸案。

愛情小惡魔：

上述A心中疑惑「B肯定對我有意思吧？否則幹嘛不找別人幫忙修東西，偏偏老找我？」其實這個問題的答案，就寫在B的朋友群分類裡，在一連串姊妹掏、公司同事、大學好友……等等分類下頭，藏著一項「工具類別」。

愛情是份禮物，還是磨難？

愛情裡要是摻雜了和它本身無關的算計，那就不是真的愛情。

——莎士比亞

人情債，
寫完一本還有一本

B原本只是想「扯平」，沒想到跟A之間的互動越扯越多、越扯越頻繁，好不容易清完這本幾乎快耗盡自己所有精力的帳，原以為從此海闊天空兩不相欠，未料，事情一波未平一波又起……

承接上一篇的A與B兩位主角，故事砍掉後半段重練。

先是A幫忙B修電腦，接著B說要回請對方吃個飯才不會不好意思。A婉拒，B堅持。結果飯是吃了沒錯，沒想到A居然搶了帳單，豪爽付了帳，心裡想著自己越欠越多的B，連忙又提出不如下次請對方看電影的提議。

B原本只是想「扯平」，以免欠下人情，沒想到跟A之間的互動越扯越多、越扯越頻繁，最後好不容易清完這本幾乎快耗盡自己所有精力的帳，原以為從此海闊天空兩不相欠，未料，事情一波未平一波又起，A突然傳訊過來說要

出國去玩。A要出國去玩，本來也沒有B的事，B連忙回傳「一切小心、玩得愉快」大抵也就功德圓滿了，豈料，A居然打來一句：「我要出國兩個禮拜，可不可以幫我照顧阿寬？」阿寬是什麼東東？

B飛快回傳，弄半天才知道阿寬是對方養得寶貝狗兒子。B真心想拒絕，可想起自己上次請對方幫忙，對方二話不說，直接丟出一個字「好」的氣魄，只好硬著頭皮答應。

兩個禮拜後，A從國外回來，到B家領回自己的狗兒子時，笑笑說這趟出去沒換多少外幣，所以沒有買紀念品回來送人，不過新台幣倒有一些，問可不可以請B吃飯當作照顧狗兒子的謝禮？拒絕不了的B，看著A，想著先前一來一往的互請互動，渾身冷不防狠狠打了個顫。

愛情小惡魔：
見面次數≠感情級數，就像我們天天跟同事碰面，但這絕不代表最要好的知己就是同事。

愛情是份禮物，還是磨難？

愛情是不按邏輯發展的，所以必須時時注意它的變化。

——柏楊

拒絕告白後，很難再開口拒絕對方其它要求

隨著碰面次數增加，A心中重新燃起希望之火，再次告白之路已經蓄勢待發……

　　再次承接上篇「人情債，寫完一本還有一本」的故事尾巴，且讓我們繼續把故事看下去。就在B寫完不曉得是第幾本厚厚的人情債時，A終於決定要離開「曖昧不明階段」，勇敢跨向下一個里程碑：對B開誠佈公。

　　A把精心設計的大告白橋段搬上檯面，隆重登場。A抱著一大束顏色鮮豔的花朵和一大盒巧克力，以「豁出去」的超強決心，興沖沖跑去向B告白。這一次，陷入此生心中最大懸案的主角易主了，不是A，而是正尷尬捧著花束的B。B百思不得其解的程度，就跟A在「A心中最大的人生懸

案」那篇裡的不解程度不相上下。B想破頭也想不通，自己一向很小心謹慎和A互動，盡量不欠對方人情，怎麼還是得面臨這等場面？

B決定這次自己一定要硬起來，採取「紅色警戒狀態」的正式態度，徹底婉拒A的告白，兩人也協議好從此以紅粉知己與藍粉知己相稱，B原以為從此能以朋友關係到老，未料，事情真正的發展總跟人的想像有很大出入。

大約是拒絕了A的告白，出於一種「補償心理」，B開始不太好意思拒絕A的邀請，慢慢的，隨著碰面次數增加，A心中重新燃起希望之火，決定效仿國父革命第十一次才成功的精神，再次告白之路已經蓄勢待發！

愛情小惡魔：
任何有心理壓力的人際互動，都不是屬於自由的，友情是如此，愛情更是如此。

愛情是份禮物，還是磨難？

愛情是自由自在的，而自由自在的愛情是最真切的。

——丁尼生

告白大吉的重大關鍵

除了表白的人要思考什麼方式最適合自己之外，接下來，還要考慮到對方可能接受的方式。畢竟告白這件事不是單人舞，必須找出最適合雙方的告白方法，才可能告白大吉！

如何對一個人表白？除了時間、地點很重要之外，選擇「用什麼方式表白」更是關鍵中的關鍵！

如何選擇表白方式，說穿了其實很簡單，統共只有「投其所好」短短四個字，可是操作起來花招百變的複雜性，顯示這件事一點也不容易。

首先，表白這件事得先選擇適合自己的方式，例如：含蓄內向的草食男，要他選擇熱情如火、大膽表愛的方式，可能比殺了他還痛苦，況且效果也一定會大打折扣，畢竟他本來就不是奔放型人物。

又例如：才華洋溢、幽默風趣的人，如果選擇曖曖內含光的表白方式，這不是活生生要憋屈死他了？

除了表白人要思考什麼方式最適合自己之外，接下來，還要考慮到對方可能接受的方式。畢竟告白這件事不是單人舞，必須找出最適合雙方的告白方法，才可能告白大吉！

例如：告白對象比較內向害羞，告白者卻選擇在大庭廣眾之下高調說愛，恐怕會讓生性害羞的對象窘得抬不起頭，說不定光應付自己的緊張便費盡所有注意力，哪有多餘功夫傾聽告白者的深情告白，甚至更進一步答應呢？

選擇適合自己跟對方的告白方式，不僅可以提高「告白大吉」的機率，也可以讓對方充分享受告白者精心準備的整個過程，而不是慌得感官全面當機或滿腦子只想落荒而逃。

接下來數篇，將和大家分享告白方式究竟有哪幾種，一來可以參考看看自己就竟是屬於哪一種人，二來如果正準備要告白的人，可以選擇最適合自己跟對方的告白方式喔。

愛情小惡魔：
在享受到愛情的甜美之前，得先經過一番寒澈骨與磨練，過程越艱辛，果實越多汁甘醇。

～～～ 愛情是份禮物，還是磨難？ ～～～

愛是「理解」的別名。

——泰戈爾

告白秘技之一：

燦爛煙火噴發式

被告白者如有喜歡低調戀愛之情況，也請勿使用本技，以免發生被告白者起身奔逃的狀況。

終於下定決心要告白，為了這件感情大事K已經整整準備了一個多月，日期就訂在對方生日這天，即將來場全面性的告白大作戰。

在所有動作展開前，K提早整整兩個多月預定對方的生日活動主辦權，在獲得對方首肯後，告白大作戰正式緊鑼密鼓動起來。

首先，K先上網搜尋浪漫排行榜第一名的餐廳，作為這次告白的重要前奏曲，在享用過美食美酒之後，即將來到整首曲目最高潮——獻上對方最愛吃的芒果蛋糕，蛋糕只是傳

遞愛意的媒介，重要的是上頭正寫著「某某某我愛妳」。在對方措手不及又驚喜萬分之際，繼續加碼演出，桌邊突然飄來一組五人的管絃樂現場演奏，把動人氣氛瞬間拉抬到最高點。看著對方受到感動的模樣，K微微笑開，他口袋裡的大絕招還沒用完。

夜空中，K深知自己繪不出梵谷那張炫美的「星空」，但他可以為對方點燃燦爛如花的煙火，隨著「咻！咻！」聲不斷衝上天際，兩人臉上同樣閃耀著璀璨笑容，

那些煙火何止炸開黑壓壓的天空，也以無比炫目的方式爆開兩人之間的情意，現在萬事俱備，只欠臨門一腳的那抹東風了。

蛋糕上燭火搖曳生姿，看著對方又驚又喜的表情，K掛上自信微笑，從身後拿出一大束花，雙手奉上，深情看著對方，徐徐開口：「某某，我愛妳，請問妳願意跟我交往嗎？」

對方不敵此情此景，再深深吸口浪漫到昏頭的氣氛，輕輕點了下頭，兩人牽手，正式掀開這一章愛情序幕。

適用此法的告白者：有點浪漫細胞、熱情奔放、具規劃能力、臨機應變能力超強者愛用。

　　適用此法的被告白者：對告白者有點心動，樂觀活潑或較能隨遇而安者最為適用。

　　忌：

　　1.兩人半生不熟時使用此技。

　　2.被告白者如有喜歡低調戀愛之情況，也請勿使用本技，以免發生被告白者起身奔逃的狀況。

　　使用此法的大部分結局：不成功便成仁，一拍兩瞪眼相當乾脆。

愛情小天使：

多為對方想一分，

兩人感情就能多增溫十分。

愛情是份禮物，還是磨難？

相信愛情，即使它給你帶來悲哀也要相信愛情。

——泰戈爾

告白秘技之二：
峰迴路轉又一村式
（滑鐵盧篇）

在沒有得到對方的同意前，感情私事被第三人知曉，讓人有種隱私突然被公開的不悅感。被狠狠教訓了一頓的J，在此被宣告徹底完敗。

J是「峰迴路轉又一村式」的超級愛用者，不管對方個性或脾性，他始終如一，堅決畢生只用此法與愛慕的對象告白。這個堅持曾讓J興高采烈獲得甜美的愛情果實，卻也曾讓他墜入被間接嚴厲打槍而且還被第三人知道的超窘窘境。

先講慘絕人寰的那一次。

話說J請朋友向愛慕對象轉達「J似乎對妳有好感」，結果得到對方以「我不相信」外加「這個玩笑不好笑」的回應，讓J硬生生吞下一敗。

又過了一陣子，J又再接再厲請朋友幫忙轉達，這次得到更為慘烈的回答，對方直接說「讓J自己來跟我說」。

後來，J鼓起勇氣走向對方，結果卻被狠狠教訓了一頓，原因是在沒有得到對方的同意前，感情私事被第三人知曉，讓人有種隱私突然被公開的不悅感。被狠狠教訓了一頓的J，在此被宣告徹底完敗。

> 愛情小惡魔：
>
> 許多人生中最璀璨的時刻，都是愛情帶給我們的，同樣的，許多人生中最慘烈的時刻，也都是愛情帶給我們的。

愛情是份禮物，還是磨難？

啊，美呀，在愛中找你自己吧，不要到你鏡子的詔諛中去找呀！

——泰戈爾

告白秘技之三：

峰迴路轉又一村式
（柳暗花明篇）

這是一招進可攻、退可守的妙招，但因為主導權不在自己手中，有時候會出現自己莫名其妙就被判出局的壯烈慘況。再次重申：敬請慎選偵察兵。

再來說說J成功的那一次。

熱愛用此招的J，雖上次被愛慕對象斥責了一番，但依然堅持要貫徹始終做自己，於是便再次請朋友充當偵察兵，向愛慕對象轉達「J似乎對妳有好感」的訊息。這次，對方什麼話也沒有說，只是對偵察兵笑了笑。

一頭霧水的偵察兵原汁原味帶回對方的反應，報告給J知道。有了上次慘痛的教訓，J心想這次大概又不成了。

垂頭喪氣沒幾天，兩人突然在電梯遇到，J在心裡哀嚎著，同時做好再次挨罵的心理準備，沒想到對方居然親切問起J最近生活狀況，接著奇蹟出現，兩人竟在電梯從一樓飄升到八樓的時空裡，定下第一次約會的時間地點。

適用此法的告白者：比較害羞、對對方心意完全摸不著頭緒、無法面對面好好表達自己感情的人、擁有一流觀察力偵察兵者適用。

適用此法的被告白者：能享受跟大家一起分享感情生活、對感情隱私要求較低、較為內向、似乎不討厭告白者適用。

忌：

1.手中無優秀偵察兵可用時，勉強用此技，恐弄巧成拙，慎酌。

2.被告白者喜歡熱情直接的方式表愛，若愛慕對象屬於這一類人，可能會被對方認為不太尊重人、不夠有勇氣，或被侵犯到感情隱私等疑慮。

使用此法的大部分結局：買賣不成仁義在。關鍵點掌握在偵察兵手中，而非自己。

如果偵察兵靈巧到能對心儀對象任何一丁點舉動，都能達到說一懂十的效果，便成一舉成功知道對方心中真正的心

意，如果對方沒這個意思，偵察兵也可以說是自己想問，跟J無關，是一招進可攻、退可守的妙招。

但因為主導權不在自己手中，有時候會出現自己莫名其妙就被判出局的撞烈慘況。

再次重申：請慎選偵察兵。

愛情小天使：
情場如戰場，想要打勝仗，除了須具備天時、地利、人和之外，懂得臨機應變往往更是致勝關鍵。

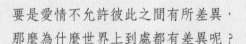

愛情是份禮物，還是磨難？

要是愛情不允許彼此之間有所差異，
那麼為什麼世界上到處都有差異呢？

——泰戈爾

告白秘技之四：
九彎十八拐繞山式

如果聊到一半，對方常常突然想到要洗澡、打掃、睡覺，或是以「明天還要上班」作為結束話題的最終句，E可能要重新思考這段感情成功的可能性。

　　不想採用一次定生死的「燦爛煙火噴發式」，也不想躲在偵察兵身後刺探對方心意，E仗著自己幾乎每天都會跟對方通訊的契機，展開九彎十八拐繞山式的刺探工作。

　　所謂「九彎十八拐繞山式」就是用非常委碗的方式，迂迴繞著曲折的山路，最後終於抵達山頂，得到想要聽到的答案。

　　如果山頂代表得知對方的心意，「九彎十八拐繞山式」就是繞山路的方式上去，「峰迴路轉又一村式」就是炸開一個山洞，做一條隧道直攻山頂。

而「燦爛煙火噴發式」便是搭乘直升機，以最快速度、最短距離直接在山頂降落。

E每晚跟對方通訊時，都會一次準備幾個主題試探，刺探主題由淺到深一步步佈局，中間常常會穿插今天發生的趣事、對方今天過得如何，當然也要額外多預藏幾個對方喜歡的笑話，盡情賣弄自己的幽默感，以博得對方喜歡。

一個主題下方，常常包括數個假設性、含蓄性、帶有暗示性的問題。

例如：妳覺得我怎麼樣？我們相處時，妳會覺得我像弟弟嗎？如果交往一年結婚，會不會覺得太快或過慢？假如我是妳男朋友，妳覺得如何？

如果對方願意跟E一直聊這些假設性又模糊性頗高的話題，很可能代表對方對E也有意思。如果聊到一半，對方常常突然想到要洗澡、打掃、睡覺，或是以「明天還要上班」作為結束話題的最終句，E可能要重新思考這段感情成功的可能性。

適用此法的告白者：能言善道、說話內容有料、如果沒料至少要有趣且充滿熱情、擁有能讓對方願意說出自己想法者適用。

適用此法的被告白者：喜歡聊天、樂於分享自己想法、不討厭對方者適用。

忌：

1.動不動就在過程中頻頻追問「妳怎麼又不說話」者，請勿選用此法登台亮相。

2.無法「柔焦」處理對話空白時的尷尬、無法有效盡快想到新話題者，若選用此法，甚險。

使用此法的大部分結局：感情越聊越好，或者聊到最後滿腔愛意迷失在彎彎曲曲的山路中，再回首，那人已不在燈火闌珊處。

愛情小天使：
對話是兩個靈魂之間的熱烈交流。

愛情是份禮物，還是磨難？

愛情是兩個親密的靈魂在生活及忠實，善良，美麗事物方面的和諧與默契。

—— 別林斯基

告白秘技之五：
覆水可再回收心機式

適用此法的告白者：有信心角逐奧斯卡影帝影后者適用。適用此法的被告白者：對喝醉人士沒有強烈敵意者適用。

如果山頂代表得知對方的心意，「覆水可再回收心機式」就是偷偷使用了任意門，一下子亮身在山頂，下一秒見情形不對，又立刻打開任意門回到山下，而且堅稱自己從來沒到過山頂。

這招很常被使用，所以用到後來大家眼睛一瞥，就知道「喔，有人又再藉酒吐真言了」。儘管眾人心裡有數，也都會禮貌地選擇心照不宣，來維持最基本的表面和平。

使用方法：得先讓自己喝點酒，看起來好像很醉，但又不能真的醉倒，至少要留點神來個真情大告白。

這個「醉」字，就是任意門。如果告白成功，可以說自己喝酒壯膽，才能鼓起勇氣說這些話，如果告白失敗，也可以說自己醉得迷迷糊糊，好像說的很多奇怪的話，打馬虎眼過去。

適用此法告白者：有信心角逐奧斯卡影帝影后者適用。
適用此法被告白者：對喝醉人士沒有強烈敵意者適用。
忌：
1.原想假醉演真醉，沒想到喝到最後居然弄假成真，最後還因為酒品太差被三振出局。
2.說謊時會有特殊奇怪舉動者。

使用此法的大部分結局：明知道魔術都是假的，但大家依然十分享受整個過程，不管成功或失敗，這齣告白戲的主角是雙方。

> **愛情小天使：**
> 在愛情面前，人人都可能成為最佳演員，也可能成為超級偵探。

愛情是份禮物，還是磨難？

愛情是發生在兩個人之間的一種共同的經驗。

——卡森‧麥卡勒斯

為什麼女人味只在那個人面前才會出現？

對還不熟悉的人，就完完全全表現出真實面目的自我，有時候反而更不得體。隨著感情日漸穩定，再慢慢把真實自我一點一滴透露出來即可。

某某某一遇上某某某，整個人就會突然變得好有男子氣概，或者是「只要聽她講手機的聲音特別溫柔，就知道是喜歡的男人打來」，這些行為表現有時並非故意為之，而是一種自然的流露。

當身邊出現讓我們有好感的人時，男人的行為舉止往往會表現的更像男人，女人的行為舉止則會更像女人。這是為了什麼呢？

答案很簡單，當心儀的對象出現時，人總是會忍不住想要表現出最好的一面給對方看。

於是，跟同性男生湊在一起便會爆出滿口粗話口頭禪的人，在喜歡的對象面前時，不僅粗話通通消失不見，連行為舉止也變得紳士許多，彷彿此人外觀上的肉體依舊，靈魂卻偷偷被換了一個似的。

這不是一種刻意的做作行為，而是情不自禁想要表現自己最得體的一面，希望能在對方心中留下比較高的印象與評價。

「希望在對方心裡，自己是最好的、最特別的」，這是我們渴望在心儀對象心裡所佔據的地位。

兩個互有好感的人，剛開始接觸時會傾向極力表現出最完美的那一面，如果對還不熟悉的人，就完完全全表現出真實面目的自我，有時候反而更不得體。

隨著感情日漸穩定，再慢慢把真實自我一點一滴透露出來即可。

等感情發展到某一階段，**我們甚至常常會以「了解對方缺點多深」，來作為兩人是否對彼此夠坦白、真誠的依據。**

不過，在初相遇時，過度表現得太過坦率、大咧咧，或者是說話過於直爽，有時反而有種刻意的不自然感。

愛情小天使：
微笑是最天然的化妝品，
愛情是最動人的香水味。

愛情是份禮物，還是磨難？

人生沒辦法重來，只能繼續而已。

—— by《因為我愛你》

遲到背後往往
代表一件事：
對時間掌控能力不足

當Joanna再次聽見對方又說了一次「我現在馬上過去」時，她心裡頭突然冒出一個念頭——天啊，我應該直接取消約會嗎？

Bob正在積極追求Joanna。今天是兩人第二次約會，Bob跟Joanna針對這次約會，曾在電話裡討論了好久，才終於決定要去看哪部電影、要去吃哪間餐廳、最後再去哪間咖啡廳優閒聊天。

因為工作時間自由的關係，為了避開人潮，兩人特地約了平常日的中午碰面。

時間逐步逼近12點，Bob先打來確認Joanna是否可以準時赴約，確認一切OK後，Bob以一句「我馬上就開車過去

接妳」作為這通電話的結尾，Joanna嘴邊揚起一抹微笑，掛斷電話時心裡還想著「對方做事似乎很有條理喔」。

隨著時間一分一秒過去，時鐘慢慢走到下午1點多，這時候Bob又打來了，Joanna興沖沖接起手機，開頭第一句話就是「你到啦？我馬上下樓。」結果，對方的回答讓她很傻眼。

「我現在還在公司，正要下樓去開車，妳再等我一小時。」「可是你剛剛不是說『我馬上就開車過去接妳』？」Joanna說這話時，腦袋裡開始努力回想自己先前是不是誤會他的話了？

「喔，本來是要出門了，可是手邊突然有些工作要交代下去，一直搞到現在才搞定，應該先跟妳說一聲的，可是太忙了，我現在馬上過去。」

忙到連打通電話，講個幾秒鐘的時間都沒有？如果做不到，幹嘛斬釘截鐵對她說「我馬上就開車過去接妳」？

當Joanna再次聽見對方又說了一次「我現在馬上過去」時，她心裡頭突然冒出一個念頭——天啊，我應該直接取消約會嗎？

時間快速拉到當天晚上，Joanna洗完澡，坐在舒適的床上，回想今天的約會，在每日必寫的日記本上，寫著斗大的標題──「悲慘約會」。

（未完，待續）

愛情小惡魔：
在愛情領土上，很多平常很少遲到的人，會略施手段用遲到這件事來試探對方，卻忽略遲到其實往往是愛情大忌。

愛情是份禮物，還是磨難？

愛情是一種嚴重的精神病
　　　　　　　　　──柏拉圖

臨機應變能力，是約會的自然裸妝

Joanna體內已經沒有任何一毫克的期待，只能安慰自己「放心吧，這次約會到目前為止已經夠糟，情況應該不會再壞了，也差不多該往上轉好了吧？」

承以上未完的「悲慘約會」。

話說，當天約會完後，Joanna十分痛恨沒有採用自己當時的直覺——直接取消約會。為什麼她會如此痛定思痛，還原過程如下：

當Bob來接Joanna時，已經下午兩點多，午餐時間早就已經過去，如果按照原本預定，這時候都應該吃飽喝足，正要去一場兩人都很期待的電影，結果他們居然連餐廳的影都還看不到。

緊接著，Bob又出招了，說自己養的小貓右腿有顆長達快五年的腫瘤，本來預約吃完飯後先帶貓咪去看醫生，然後兩人再去看電影，最後才挑一間喜歡的咖啡廳坐下來聊天、吃甜點，可是現在時間不夠，可能要直接殺去動物診所，否則會超過跟醫生預約的時間。

　　Joanna聽完，心頭猛然一涼。貓咪右腿有顆長達快五年的腫瘤，如果他夠在乎，怎麼會等到五年後的今天，才想到要帶貓咪去看醫生？

　　Joanna深吸口氣，用冷靜也溫和的語氣告訴對方、自己所知道的基本醫學常識，包括：為什麼會有腫瘤、已經形成的腫瘤對身體是否會造成危害……等等。

　　簡而言之就是一句話：貓咪身上的腫瘤如果已經長達五年都沒事，就是沒事，其實不用多此一舉又去處理它。

　　Bob聽完，久久不發一語。看著對方好像無法理解過來的表情，Joanna也懶得再說。

　　約會一路進行到這裡，Joanna體內已經沒有任何一毫克的期待，只能用一句話來安慰「放心吧，這次約會到目前為止已經夠糟，情況應該不會再壞了，也差不多該往上轉好了吧？」

結果，她發現自己大錯特錯！

（「悲慘約會」依然未完，待續）

愛情小惡魔：

頭幾次約會裡，請男女主角盡量表現真實自我，並適度保持禮貌與客套，這些都是很受歡迎的行為舉止，不斷賣弄小聰明卻頻頻出包，將把自己推向無可挽救的死胡同裡。

愛情是份禮物，還是磨難？

愛情是理解和體貼的別名。
——泰戈爾

表演過頭，
就不是好表演

想在對方面前表現出最好的一面，這是人之常情，但如果不知變通又過於刻意，將會流於「畫虎不成反類犬」的糗態裡。

繼續承以上未完的「悲慘約會PART3」。

站在動物診所外頭，Joanna雙手緊緊抓著皮包，努力克制自己想抬高右手、招輛計程車離開現場的衝動，拼命告訴自己。要有耐心，要有耐心……。這時候Bob跟他的愛貓就在她手邊，等著因為遲到而被迫延後看診。

Joanna看眼手錶，現在已經下午四點多，如果按照原本預定計劃，他們應該早就吃完午餐、看完電影，現在正要去咖啡店談心聊天，結果他們到目前為止只在路邊匆匆吃了點東西，回家抱貓出來看醫生，而且看看眼前情勢，恐怕還有得等。

下午五點，貓咪終於順利看到醫生，為表貼心，Bob拿出最新遊戲給Joanna玩，免她覺得無聊。但問題是，Joanna剛好是玩遊戲會玩到打瞌睡，看期刊會看到渾身來勁的人，這下子她真的完全陷入空前絕後的無聊深淵底處。總結當天約會，兩人原本預定的行程最後一個地方也沒去。

Joanna當晚回到家時，腦子裡一直轉著Bob從診所出來時說過的一句話：「醫生跟妳說一樣的話耶，說腫瘤如果超過五年沒事，不要動它就是最好的處理方式。」她當場無言以對。

想在對方面前表現出最好的一面，這是人之常情，但如果不知變通又過於刻意，將會流於「畫虎不成反類犬」的糗態裡。

愛情小惡魔：

不要以為對方想從自己身上看到哪些特質，便一昧拼命表現，尤其是那些自己明明沒有、卻硬要展現的特質，這麼做只會加速一段關係的崩解而已。

愛情是份禮物，還是磨難？

愛情是一位偉大的導師，她教我們重新做人。

——莫里哀

扔顆小石子破冰吧！

有時候石頭會絆我們一腳，但有時候它也會為我們在一片冰層上，敲出一個小洞，讓好感沿著碎裂開的冰痕，偷偷往下紮根。

和不熟的人互動時，因為關係尚未深化，不管雙方再怎麼處心積慮、想要用心經營出縮短彼此距離的談話氛圍。無奈那層隔閡就像兩人身上各自罩著一層透明薄膜般，總是觸摸不到對方較深的地方。

曾經有朋友參加聯誼時，向大家提議每個人自我介紹完後，都說上一件自己的小糗事，沒想到此話一出，女生們還沒抗議，男生率先紛紛掛起抗議牌，原因是大家才剛認識不久，就要說自己的糗事，是不是會一下子就破壞形象了啊

形象，是公眾人物才比較需要的東西。

在聯誼或交朋友的場合裡，神祕雖然能帶出距離的美感，但一個具有親和力的人，絕對能在這兩種場合中，輕鬆勝過其實很ㄍㄧㄥ的神秘派。

　　請試想，眼前有兩個新朋友，我們知道A曾經拿下游泳冠軍，卻知道B曾經因為貪吃而跟家人走散。當日後回想起來或是打算再相約出來玩時，想起那個曾經因為貪吃而跟家人走散的B，我們的嘴角是不是不小心失守，不自覺偷偷上揚起來，總覺得跟B的距離比較近，我們也想再多了解B的其他事情。

　　不管在友情還是愛情裡，這個道理都能適用喔。有時候石頭會拌我們一腳，但有時候它也會為我們在一片冰層上，敲出一個小洞，讓好感沿著碎裂開的冰痕，偷偷往下紮根。

愛情小天使：
也許我們都在追逐完美的愛情，但一個略微不完美的對象卻能帶給我們更棒的親切感。

愛情是份禮物，還是磨難？

> 將愛情當作理想的人，不會有真正的理想。
>
> ──佚名

與其說愛情是「追來的」，倒不如說是「談來的」

和情人說話，除了希望能被「理解」之外，另外還有一個重要百倍、千倍的渴望，那就是渴望「感受」對方所說的每一個字、每一句話。

　　有的人一「談」起戀愛，就會死命抱著手機不放，連一向不多話的人也可以發揮本身極限，打破自己數十年的記錄，跟對方從夜晚暢聊到天色光明，聊完後非但不覺得精疲力盡，甚至還覺得意猶未盡。

　　不管說話內容有無營養，還是所說的每一字、一句有多麼令人髮指的細微末節，只要是情人說的話，我們都愛聽，就算結束通訊後，只能依稀記得剛剛暢聊六小時中的幾句話，心情依然好到能直衝上天。

情人之間的「我愛你」，有時候並不需要裸白的說出口，只要看著一對情人能夠不斷、不斷說著話，通常代表他們感情不錯。相反的，如果一對情人到餐廳用餐，兩人面對面一坐下來，除了努力揮動餐具大吃特吃之外，就是低頭滑手機或看自己的書，鮮少交談，空氣之中便隱約彌漫著一股危險的疏離氣氛。

　　與情人談話的時候，不一定要多麼言之有物才會比較討喜，有時候漫無邊際聊一些連自己事後回想都會吃驚的傻話，也是一種幸福的交談。和情人說話，除了希望能被理解之外，另外還有一個重要百倍、千倍的渴望，那就是渴望感受對方所說的每一個字、每一句話。基本上，聽情人說話這件事，本身就是一件很快樂的事。

愛情小天使：
愛情促使人快速成長，讓害羞的人敢於表達自己心中所愛，讓擅長說話的人更願意傾聽情人所說的話。

愛情是份禮物，還是磨難？

在愛情中，交談是最重要的部分，甚至超越其他，愛就是關於所有感覺的訴說，有很大一部分由訴說與交談而形成的。

—— 羅伯特‧木齊爾 奧地利作家

Chapter 3

「愛情不敗」 操作手冊

我們在經歷自己的生命時，應該要向前看，
卻只有在回首的時候，才能明白箇中道理。

很少彼此凝視，
是因為沒有好感？

這個問題的答案，心理學上已經有了相關的研究。其實與人相處時，人的視線真正放在對方雙眼的時間非常少，大約是6：4左右的比例。

Mandy坐在餐廳裡，雙手拿著刀叉正在用餐，對面坐著跟自己互有好感的男人，今晚是他們第二次出來約會。雖然兩人常常在網路上互留訊息，但見面次數不多，所以面對面接觸時感覺還不是很熟。

在用餐過程中，Mandy發現自己跟對方真正眼對眼互看的次數好少，就算好不容易對上視線，每次總是很快又別開視線。

回家後，回想當晚與對方相處的點點滴滴，腦中忍不住飄過一個念頭——為什麼他們彼此對看的時候這麼少？是不是對方在用餐過程中感覺很無聊？還是對方感到不耐煩了？

這個問題的答案，心理學上已經有了相關的研究。其實與人相處時，人的視線真正放在對方雙眼的時間非常少，大約是6：4左右的比例，約莫6成時間看著對方，4成時間則飄向不知名的地方。

在6成看著對方的時間裡，我們也可能莫名盯著對方胸口、手、肩膀等等地方，並不一定會一直與對方四目相接，這是很自然的現象，並不是對方對自己沒有好感，所以不需要太過緊張，也無須太過在意。

真正要留心的地方是─在這約莫6成時間裡，對方要看著自己哪裡，才代表對方對自己有好感呢？

（未完，待續）

愛情小天使：

很在乎一個人，就算只是對方一個很小的舉動，也會讓人十分在意。這些原本並不在意而現在卻在意的空間，就是愛情落腳的地方。

愛情是份禮物，還是磨難？

愛是亙古長明的燈塔，它定晴望著風暴卻兀不為動，愛就是充實了的生命，正如盛滿了酒的酒杯。

——泰戈爾

視線，正在偷偷洩漏誰對誰有意思

如果Y看著Z的視線落點，跑到「好感大三角」之外，那麼Y很可能對Z其實沒什麼意思，兩人發展成為情人的可能性也相對低很多。

瞳孔會說話，而且說的還是我們不一定肯透露的真話，如果想知道對方到底對什麼樣的人、事、物會覺得有意思，請張大雙眼，好好觀察一下對方的瞳孔，從那小小的彈丸之地，可以發現許多對方沒說出口的真心話喔。

如果喜歡看驚悚片或鬼片，應該不難發現一條準則，每當劇中人物感到緊張或害怕時，總是會瞪大雙眼，瞳孔迅速縮小！

相同的，當我們遇到感到有趣的事物，碰上喜歡的人時，瞳孔也會出現變化，不過跟看到鬼不一樣，我們的瞳孔

不是縮小，而是開始逐漸放大……瞳孔放大，代表感興趣的目標物出現了。

除此之外，還有一點也可以知道對方是不是對自己有興趣？關鍵點就在於對方視線落下的區塊，是不是剛好落在「好感大三角」上頭。

「好感大三角」所在位置：從人的眉眼之間到胸口的三角形區塊。如果Y看著Z的視線落點，跑到「好感大三角」之外，那麼Y很可能對Z其實沒什麼意思，兩人發展成為情人的可能性也相對低很多。

不過，不管是「好感大三角」，還是瞳孔究竟是放大了或縮小，都是在兩人開始注意到對方後，才要忙著注意的事，在此之前，我們要如何在茫茫人海之中，朝有好感的對象發射出暗示的眼神電波呢？（請見下篇）

愛情小天使：
請好好享受在意的心情，愛情就是有辦法把支微末節，變成重要的事。

愛情是份禮物，還是磨難？

多數時間保持沉默，必要時才開口，開口時簡明扼要。
——愛比克泰德／希臘哲學家

利用視線交流，讓對方主動靠過來

一旦發現有人正盯著自己，不會畏縮的馬上轉開視線。如果感覺對方滿順眼的，也許R會回報以一記淡淡的淺笑，如果看不對眼，便慢慢滑開目光，好像不曾發現對方正在凝視著自己一般。

G常常感嘆，為什麼總是遇不到自己心儀的交往對象？而有些人只是中午出去外面吃個飯，就可以認識到還不錯的對象？老天爺真不公平。

其實老天爺沒那麼不公平，G的朋友R，剛剛好就是那種中午到餐廳吃飯，時不時就會拿回一張餐巾紙，上頭寫著某個對象的基本資料和聯絡資料，只要上網加入對方的帳號，身邊朋友便會又多了一位的那種人。

對G來說，R每次看著餐巾紙上的資料，輸入到手機裡時的行為，簡直就是一種奇幻又魔幻的人生經歷，G真的很

好奇，R到底是怎麼辦到的？平平都是中午吃飯，怎麼R偏偏就是能吃到帶來幾個男人的聯絡資料？

G的疑問跟困惑，答案其實就在自己身上而不自知，問題就在於G每次中午到餐廳吃飯，都太——專心吃飯了。

在餐廳吃飯時，G的視線總是緊盯著食物，連一秒鐘時間都不願意從食物身上移開，而R的視線總是在食物、欣賞餐廳內部裝潢，以及身邊來來往往的人之間，從容不迫打轉著。

有時候會遇上看起來很投緣的人，R的視線便會在對方身上多停兩秒鐘，有時候則是R發現有人似乎正看著自己，抬頭看過去，一旦發現有人正盯著自己，也不會畏縮的馬上轉開視線。

如果覺得對方滿順眼的，也許R會以一記淡淡的淺笑回報，表示友好，如果看不對眼，也不會立即慌張甩開視線，而是慢慢滑開目光，好像不曾發現對方正在凝視著自己一般。

如果對方也對R有好感，再加上主動性比較強一點的性格，通常就會遞過來一張寫著連絡方式的紙條，或是直接開口詢問：「可不可以跟妳做個朋友？」

愛情小天使：
眼睛是人的靈魂之窗，目光則是傳遞愛意的舞動蝴蝶。

愛情是份禮物，還是磨難？

世界上沒有醜女人，只有一些不懂如何使自己看來美麗的女人。

——赫登

女人擅長採集，
男人擅長攻擊

女人其實不需要登門拜訪，只需像R一樣，優雅坐在自
己的位置上，利用眼神的交流、四目交會的凝視，就可
以輕鬆產生效果。如果對方也對自己有好感，就一定會
有所動作。

以生物學來說，女人從很久很久以前，就以「採集」為
主要蒐集糧食的方法，主要目標物大多是樹上或樹叢的果
實。主要動作：抬頭或低頭四處張望，視線在眼前空間裡到
處留意有無可以採集果實。

再以生物學來說，男人從很久很久以前，就以「狩獵」
為主要蒐集糧食的方法，主要目標物大多是會跑會逃的動
物。主要動作：直接鎖定已出現的目標物，拿起弓箭，瞄準
目標物，一箭命中目標。

從以上對食物不同的蒐集方式，可以看出女人習慣的是迂迴，男人恰恰與此相反，習慣的是直接、發動最後攻擊。現在請再把視線拉到餐廳現場。

　　因為時代的改變，食物來源已經不太會對我們的生命造成威脅，沒有必須親力親為、到處網羅食物的工作，於是我們把這種「需要食物」的行為，慢慢轉化成為「需要對象」的行為。

　　從茫茫人海中，把看對眼的人挑出來，進而開始產生實質互動這件事，女人其實不需要登門拜訪，只需像R一樣，優雅坐在自己的位置上，利用眼神的交流、四目交會的凝視，就可以輕鬆產生效果。

　　如果對方也對自己有好感，就一定會有所動作。

　　對R來說，若有似無的視線轉動，可能為自己帶來出美好戀愛的開端，對自己跟對方來說，都是一個能夠好好認識彼此的機會。

　　如果對象對自己沒意思也沒關係，因為這波眼神追逐戰其實很隱諱，知道的人大概只有自己跟老天爺。就算對方有幾成把握，但心中也會留有一個小疑問，懷疑會不會是自己想太多，或是看錯了？

愛情小天使：

當男人更是不容易，因為他必需承擔所有「顯性風險」，一旦失敗，就是公開的事實，而女人可以在「隱性風險」裡進退自如。

愛情是份禮物，還是磨難？

當女人非常不容易，因為她必需對付男人。

——道格拉斯

最具魅力的微笑，
要怎麼笑？

頭部微微傾斜45度角，壓低下巴，視線略略往上抬，雙唇輕輕抿著，嘴角微微上揚，肩膀放鬆，感覺笑意從嘴角往上升，慢慢盈滿雙眼。這就是最具魅力的微笑。

知道R的故事後，G心中忍不住又冒出更多疑問，她想起常常聽人說「拋媚眼」，只是這個眼神到底要怎麼拋，才叫拋媚眼？

G對此有很多困惑，是不是眼睛要一直眨，還是有什麼特殊動作？如果一直眨眼睛，會不會讓人覺得是眼睛不舒服的緣故？

R分享她自己一套拋媚眼的方式，有時候會微微將眉毛往上揚一點點，有點像漫畫裡頭主角「微訝」心情時的那種表情。

所謂的拋媚眼，絕對不是一直眨眼睛，有時候可能是臉部微微笑起來，帶動眼部附近的肌肉，呈現出一種令人看起來很友善的狀態。

根據研究指出，人的臉部表情有一種最具魅力的微笑。什麼是「最具魅力的微笑」？首先，頭部微微傾斜45度角，壓低下巴，視線略略往上抬，雙唇輕輕抿著，嘴角微微上揚，肩膀放鬆，感覺笑意從嘴角往上升，慢慢盈滿雙眼。這就是最具魅力的微笑。

對R來說，**不管是拋媚眼還是最具魅力的微笑**，這兩者雖然重要，但還不是最關鍵的要點。**最重要的是「凝視的技巧」！**

（未完，待續）

愛情小天使：
一張寫著聯絡方式的小紙，牽起的不是炫耀不是虛榮，而是一方互有好感的緣份。

愛情是份禮物，還是磨難？

珍·奧斯汀：「虛榮和傲慢是兩種不同的情緒，儘管人們常把它們當成同義詞使用，但一個人可能傲慢卻不虛榮，傲慢多半是我們對自己的評價，虛榮則牽涉到我們希望別人給予自己怎樣的評價。」

凝視，
是牽起緣份的紅線

在這一來一往的視線追逐戰中，女方已經用非常輕巧的方式，明確告訴對方一個訊息：如果你主動出擊，我不會拒絕你喔。

人的視線會說話。

R在餐廳裡所使用的「凝視技巧」，並不是與對方四目相交過一次就算完，**而是經過一連串的試探與互相用眼神詢問的過程。**

不曉得大家是否曾經有過一種很奇妙的感覺，在一大群人之中，自己的目光總是會與某個特定的人相遇，不知是自己對這個人的注視比較敏感，或者是這個人能輕易察覺自己的視線。

之所以說這種感覺很奇妙，在於大家都是陌生人的情況下，為什麼獨獨其中兩個人會有意識注意到彼此？也許這兩人是同類，也許這就是某種緣分也說不定。

　　「凝視技巧」實際操作如下：首先某一方Ｗ先莫名凝視起另一個人Ｓ，Ｓ感受到自己受到注目禮，揚眸看過去，兩人四目相交，短暫停留幾秒鐘時間，其中一方先別開視線，經過一段時間後，兩人視線又撞在一塊兒，再彼此凝視數秒，又轉開視線。

　　如此反覆數次後，兩人心底大約都能冒出一個共同念頭：我們對彼此都有好感。

　　古人有云：「女追男隔層紗。」

　　這個「追」字，跟男追女的追不一樣。男追女，是必須拿出實質具體行為跟行動，但女人所用的「追」，其實不用這麼興師動眾，有時候拋出幾個眼神，就能讓對方主動出擊。

　　如果「凝視技巧」實際操作中的Ｗ是女方，**請記得在第一次凝視後，要比對方先別開視線**。這次凝視的用意，在於告訴對方「我對你有好感」。這時候對方或許還不確定Ｗ是否對自己有好感，但肯定已經注意到Ｗ。

緊接著，就是兩人之間的視線攻防戰，最後W可以假裝被對方視線抓住，凝視彼此久一點，或者爽朗遞給予一個友善微笑。

　　這時候只要男方對女方有意思，就一定會有所行動，因為在這一來一往的視線追逐戰中，女方已經用非常輕巧的方式，明確告訴對方一個訊息：如果你主動出擊，我不會拒絕你喔。

愛情小天使：

現代的愛情大環境跟以前不同，在現代愛情的戰場上，唯一獲勝的秘訣就是「正面迎擊」。

愛情是份禮物，還是磨難？

在愛情的戰場上，唯一獲勝的秘訣就是逃跑

——拿破崙

愛情的SVR階段成長軌跡

我們是最渾然天成的小說家，倚靠對方所說的話畫出一個形象，對方沒說的地方也不用急著追問，發揮一點想像力，照樣能把對方在心裡畫得活靈活現。

每個人的成長，都有大致上雷同的軌跡。

例如：先學會爬跟走，接著開始學會跑；先學會基本照顧自己的方法，然後開始學會如何照顧別人。

愛情也一樣，也有每段愛情大致類似的成長軌跡。

心理學家Murstein提出一個很有趣的SVR愛情階段理論，第一階段S：是刺激，第二階段V：是價值觀，第三階段R：是角色。

　　第一階段S：是刺激——雙方第一次見面。適用範圍：就算是在網路上聊天超過半年以上的網友，相約碰面時同樣會經歷這一階段。

　　所謂的刺激，其實就是初次見面時，當我們眼前看著某一個人，對方的外貌、談吐、儀態、教養、穿著品味……等等。

　　在這個階段，我們可以用最短的時間，像在畫素描一樣，在心底快速畫出一個人大略的模樣。

　　這時候的我們是最渾然天成的小說家，倚靠對方所說的話畫出一個形象，對方沒說的地方也不用急著追問，發揮一點想像力，照樣能把對方在心裡畫得活靈活現。

　　把所有注意力放在對方吸引人的地方，卻忽略兩人之間的差異，是這個階段最明顯的特徵。

　　第一階段S：是刺激——情人眼裡出西施。

（未完，待續）

愛情小天使：

大膽去愛吧！有時候考慮太多，是無法赤誠愛上一個人的。

愛情是份禮物，還是磨難？

我們在經歷自己的生命時，應該要向前看，卻只有在回首的時候，才能明白箇中道理。

——齊克果、丹麥哲學家

價值觀偵測戰

B和G擁有天南地北完全不同的價值觀,他們很可能因為「看不慣」對方的價值觀而分道揚鑣,也有可能進入最重要的第三階段,甚至一起生活到老。

心理學家Murstein的SVR愛情階段理論:

第二階段V:價值觀──雙方第二次見面到感情漸趨穩定期。

在這個階段裡,我們會跟對方聊很多價值觀的問題,這類問題包含範圍相當廣泛,幾乎包山包海無所不包。

小到應該吃便當店還是進餐廳、看電影一定要進戲院,還是租片子回家看也可以?大到沒買到房子前,到底應不應該先買車?幾歲應該退休?

舉個實例：

B男覺得生活就應該有品質，身邊用的、吃的、喝的、穿的都應該要是好東西才可以，每天出門前還要打開一個放滿各式手錶的抽屜，從中挑選出最適合今天穿著打扮的手錶才行。

但G女卻不以為然，反而認為這些東西不過就是工具，與其買一件貴鬆鬆的名牌襯衫，倒不如買一件只有它十分之一價格的襯衫，弄髒了也不會心疼，再買就有。

G女認為金錢應該用在購買「新生活體驗」上，而非購買虛榮，擁有新生活體驗可以讓自己不斷成長，而虛榮只是為了滿足別人的眼睛跟嘴巴。

B和G擁有天南地北完全不同的價值觀，他們很可能因為「看不慣」對方價值觀而分道揚鑣，也有可能進入最重要的第三階段，甚至兩人抱著不同的價值觀，一起生活到老。

兩個人是否能夠一直走下去？關鍵點往往不是相戀時的價值觀，而是相處時是否能夠感到步調相同、默契十足，也就是最為關鍵的第三階段。

第二階段V：價值觀——慢慢脫下如夢幻泡影的外衣。

（未完，待續）

愛情小天使：

只要生活擁有相同步調，並且
兩人都給予彼此足夠的尊重，
價值觀不同而相守到老的例子
並不少見。

愛情是份禮物，還是磨難？

就像兩根柱子支撐同一個屋頂，不要占有對方，要讓對方
保持獨立，共同支持同一個屋頂，那個屋頂就是愛。

——作家紀伯倫

近身相處PK戰

價值觀出現差異就像一頭遙遠的野獸，雖然可怕，但一時半刻還不會影響到目前生活，但「角色期望」出現差異，就像一隻蟄伏在屋裡的老鼠，與野獸相比，看似威脅較小，卻時時刻刻影響當下生活的每一分、每一秒。

心理學家Murstein的SVR愛情階段理論：第三階段R：是角色——雙方感情正式進入穩定期。

所謂的角色，就是在我們在生活中所扮演的各種角色裡，彼此是否能夠妥善分配工作、符合對方的需求與要求。

例如：女方有強烈的「男主外、女主內」思維，如果男方無法滿足這一需求，兩人分道揚鑣的機率絕對比「先買車還事先買房」出現歧異時更高。

又例如：男方抱持不願分擔家務的大爺心態，同樣也在外工作的女方，則堅持家務一定要分工合作才算公平，如果這件事談不攏，分手機率一定也大過於「幾歲應該退休」出現歧異時更高。

價值觀是「抽象的」，往往意志力較強的一方，會在不知不覺中獲得最後勝利，就像李安導演電影「飲食男女」中的大姊一樣，當有人問她另一半不是基督徒該怎麼辦時？」楊貴媚一臉篤定，沉靜回答：「他遲早會是的。」

相較於抽象的價值觀，每日每夜都會受到角色扮演其影響的的三階段，只要一出現差異，往往很容易導致兩人分道揚鑣，因為這時候的差異與不同，將會大大影響到當下兩人共處的每一分鐘。

價值觀出現差異就像一頭遙遠的野獸，雖然可怕，但一時半刻還不會影響到目前生活。但角色期望出現差異，就像一隻蟄伏在屋裡的老鼠，與野獸相比，看似威脅較小，卻時時刻刻影響當下生活的每一分、每一秒。

人的價值觀可能在長時間的思考中，慢慢彼此調和或妥協，但生活中的一個小習慣，都可能立刻引起一場分手大風暴。

第三階段R：是角色——拋開所有條件，與一個活生生的對象一起生活、一起分享、一起共處。

愛情小惡魔：

價值觀的拔河賽，在兩顆腦袋裡進行，生活細節的拔河賽，在兩人共處的每一分、每一秒中進行。

愛情是份禮物，還是磨難？

男人有個人的「意志」，女人有個人的「方法」。

——賀姆斯

女性萬人迷六大特質

女人最受歡迎的特質：獨立自主。擁有自己的想法、生活、工作，不會對人有過度依賴的現象，給對方一種的自信感，感覺是可以同步進步的人生伴侶，而非僅僅只是生活伴侶。

具有什麼特質的女性，人氣指數最高？

• **親和力高**：用台語來說，就是「好笑面」，只要見到人，不管是叔叔阿姨伯伯奶奶通通一律笑得很親切，與人相處時一派祥和，而非全身像刺蝟一樣豎起利刺。

• **獨立自主**：擁有自己的想法、生活、工作，不會對人有過度依賴的現象，給對方一種「就算沒有你，我也可以過得很好，但跟你在一起，我們可以一起過得更好」的自信感，感覺是可以同步進步的人生伴侶，而非僅僅只是生活伴侶。

• **溫柔體貼**：看見對方釦子掉了，主動表示願意幫對方補一補；知道對方心情不好，便會靜靜陪在對方身邊，如果對方不願說明，也不會強迫一定要說出來。

• **樂觀開朗**：總是笑得很開心，不管生活過得再不如意，也不會出口抱怨，對每一件事都抱持期待跟希望。

• **性情祥和**：遇見不好的事，不會扯開喉嚨大吼，而是靜下心來好好討論，能好好掌控自己負面情緒。

• **神秘性感**：不過份多話，給對方留有一絲想像空間。

具有什麼特質的女性，人氣指數較低？

過於矯情造作、為了維持形象不敢吃光盤裡的食物、對名牌過於迷戀、說謊。

愛情小天使：
先在心裡種下「想要擁有迷人特質」的種子，經過時光歲月的日日灌溉，這顆種子終究有天會盛開出只屬於我們自己的花朵。

〰〰〰 **愛情是份禮物，還是磨難？** 〰〰〰

命運的變化寫在我們自己的臉上。

——柯瑞斯

男性萬人迷六大特質

男人最受歡迎的特質：忠誠坦率。說話不會有所隱瞞，也不會太過誇大或炫耀，兩人在一起相處能提供對方足夠的安全感，還有最重要的一點，絕對不會為了個人虛榮或因為過於膚淺的緣故大搞劈腿。

具有什麼特質的男性，人氣指數最高？

• **親和力高**：看起來並非過於冷漠的人，總是能用很自然的態度、輕鬆與人閒聊幾句，能輕易掌控整個場面氣氛，甚至是主導現場所有人的互動。

• **氣量大度**：不會因為一點小事便懷恨在心，目光總是放在遠大的目標上，而非眼前的支微末節。

• **溫柔體貼**：不會放任被冷落的人不管，見別人有需要，也會不吝伸出援手，並以對方能接受的方式給予協助。

- **樂觀爽朗**：凡事都往光明面看，雖然心中可能知道真相是黑暗的，對未來依然抱持著滿滿的希望與憧憬。

- **強勢果決**：在眾人無法下判斷的時候，能冷靜思考，言簡意賅指出盲點，並有勇氣與判斷力做出最終決定。

- **忠誠坦率**：說話不會有所隱瞞，也不會太過誇大或炫耀，兩人在一起相處能提供對方足夠的安全感，還有最重要的一點，絕對不會為了個人虛榮或因為過於膚淺的緣故大搞劈腿。

　　具有什麼特質的男性，人氣指數較低？愛劈腿、把不體貼的行為當作是男子氣概的表現、行為舉止過於誇張、吹牛吹過頭。

> **愛情小天使：**
> 命運降臨時，不管好壞，最好的迎接方式是「直接面對」；「逃避」只會讓一個麻煩惹出更多麻煩，最後形成無法挽回的局面。

愛情是份禮物，還是磨難？

> 命運只幫助勇敢的人。
> ——柯瑞斯

性感優勢，先甜後苦？

如果交往或結婚後，發現勝出的關鍵因素是因為胸部大小，到底應該感到開心，或者是有一點點哀傷呢？

根據研究指出，男性的確會因為女性身材因素，對某一女性特徵明顯的女性，表現出追求之意，也就是所謂的「性感誘惑理論」。

實驗中，將女性眼睛、腰部、胸部、腿部等部位都放進實驗範圍內，研究結果顯示男性認為最性感的指標是——豐滿的上圍。

以生物學來解釋這項實驗結果，得到的是——豐滿上圍＝讓男性興奮，是因為雄性動物選擇伴侶時，豐滿的上圍＝用有足夠母乳來餵養自己的下一代。

即便是在不一定需要自己餵母乳的現代，這個生物學的解釋，依然被許多人掛在嘴邊津津樂道。

部分女性更懂得善用自己天然或後天的優勢，從中得到一些機會，甚至曾有廣告暗示女性在發育期間，應該重視胸部方面的發展，以利將來獲得更多的機會。

每次看到這個廣告，總忍不住冒出幾個問號？它所謂的機會是什麼樣的機會？工作職場的機會？什麼工作機會，需要用胸部大小來做決定？如果有這種工作，會是女性想要極力爭取的工作嗎？

如果是在感情世界裡，用胸部大小來做獲得更多機會，這又是怎樣的一段感情呢？如果交往或結婚後，發現勝出的關鍵因素是因為胸部大小，到底應該感到開心，還是會感到有一點點哀傷呢？

最弔詭的是，如果以生物學來解釋，會發現「胸部大小」跟「擇偶條件」出現令人費解的「負相關」。

（未完，待續）

愛情小惡魔：

在愛情的競爭市場中，女人是否富、
白、美？男人是否高、富、帥？都是很
嚴苛的競爭條件。但在真愛的世界裡，
是否愛上一個人往往與這些外在條件沒
有關係。

愛情是份禮物，還是磨難？

在命運的顛沛中，最容易看出一個人的氣節。

——莎士比亞

「性感」是種
隨身攜帶的危險物品

性感，不性感。其實跟胸部大小並無絕對關係，有時候從服裝、行為舉止上去表現，也能擁有令人覺得性感的姿態，這樣的性感往往更加迷人。

承上篇「性感優勢，先甜後苦？」。

什麼是「負相關」？以下舉兩個簡單的例子來對照說明：

越有錢的男性（↑），在婚姻市場裡越受歡迎（↑）＞＞ 這是正相關（↑兩個箭頭都是往上）。

胸部越大的女性（↑），在戀愛市場裡越受歡迎（↑），但在婚姻市場裡並不會特別受歡迎（？）＞＞ 前兩者（胸部和戀愛市場）呈現正相關，但在後者中（胸部和

婚姻市場），卻不一定呈現正相關，有時候甚至還會出現負相關。

「某某某是我心目中的性感女神，但如果考慮到結婚這件事應該不會選擇她。」

這種話，也許我們都不陌生。這就是胸部大小和婚姻市場，呈現出「負相關」的關係狀態。

性感與否，往往跟追求肉體快感較有相關，與心靈是否契合較無關聯；而必須綁住彼此一輩子的婚姻，需要的是「心靈是否契合」，而非對方「性感與否」。

性感，不性感。其實跟胸部大小並無絕對關係，有時候從服裝、行為舉止上去表現，也能擁有令人覺得性感的姿態，這樣的性感往往更加迷人。

對女形而言，性感，其實是一種隨身攜帶的危險物品，若使用不當，可能會引來心術不正的對象。

如果使用得當，或許可以讓自己成為暫時的萬人迷，但接下來關係是否能夠長久維持、能否在關係中得到足夠的尊重，通常跟是否性感無關，反而需要一些其他的人格特質。

（未完，待續）

愛情小天使：

世界上沒有不性感的女人，只有一些不懂如何使自己看來性感的女人。

愛情是份禮物，還是磨難？

世界上沒有醜女人，只有一些不懂如何使自己看來美麗的女人。

——赫登

能夠贏得尊重的 5大關鍵特質

我們看待事情的態度，最後很可能會演變成別人對待我們的態度，老是把「隨便」、「都可以」掛在嘴邊，久而久之，別人也會用同樣的態度以對。

在上一篇中提到「關係是否能夠長久維持、能否在關係中得到足夠的尊重，通常跟是否性感無關，反而需要一些其他的人格特質」。這些特質最重要有五大特徵，分別是氣質沉靜、經濟自主、擁有自我主見、樂觀開朗、能理性溝通。

1. 氣質沉靜：腹中有書氣自華。說話時不要過於嘮叨，有時候劈哩啪啦說上一堆話，不如靜靜傾聽，只在最關鍵的時刻飄出一句最貼心的話，更能讓人聽進耳裡，留在心裡。

2. 經濟自主：錢不是萬能，但沒有錢萬萬不能。一個經濟自主的女人，能讓男人對她擁有最基本的尊重，畢竟吃穿

不用靠他，如果想結束一段關係，只要自己想清楚就可以，無需擔心自己是否會因此生活不下去。

3. 擁有自我主見：我們看待事情的態度，最後很可能會演變成別人對待我們的態度，老是把「隨便」、「都可以」掛在嘴邊，久而久之，別人也會用同樣的態度以對。每個人除了外貌的不相同以外，如何表現出內心的不相同，往往來自於我們的「個人主見」。

4. 樂觀開朗：不要心隨物轉，而要物隨心轉。遭遇不好的事情時，擁有樂觀的心態，就能化腐朽為神奇，不讓壞事情影響我們的好心情。

5. 能理性溝通：除非遇上無法講理的人，否則遇到事情時，與其扯開喉嚨大吵壞了姿態，不如以理服人，讓人心服口服才最高竿。

愛情小天使：
當我們把自己變成更好的人時，就能吸引和我們一樣的人彼此相識、相知、相愛、相伴、相惜。

愛情是份禮物，還是磨難？

我寧願要那種雖然看不見但表現出內在品質的美。

——泰戈爾

吊橋洩漏的
愛情決勝點

這就是所謂的「心跳加快」，接著接觸到要自己填寫問卷的女性時，就錯把這種因為吊橋所引起的心跳頻率，歸因到眼前的女性身上。

心理學中，有個很有趣的實驗，叫作「吊橋理論」。

實驗操作大概如下：

步驟一：先找來一大群男性，實驗者稱他們為受試者，隨機分成兩群人，形成A、B兩組。

步驟二：同時找來一位女性，站在吊橋另一端，手中拿著問卷，等男性走過吊橋後，就請他們填寫問卷，最後一定要來上最為關鍵的一句話「如果想知道結果，可以打電話問我喔」。

步驟三：讓A組男性走很平穩的吊橋，讓B組男性走晃得很厲害的吊橋，然後都接受問卷填寫，接著就可以離開實驗現場。

不過，雖然這些男性受試者已經離開實驗現場，但真正的實驗結果還沒出來，得等到幾天之後……

步驟四：幾天後，這位女性接到B組男性（也就是走晃得很厲害吊橋的那一組人馬）打來問實驗結果的人數，遠遠大過於A組男性。為什麼會產生這個結果呢？

關鍵點就在於「晃得很厲害的吊橋」！

步驟五：實驗結論——B組男性走晃得很厲害的吊橋時，心跳會因為不穩定的吊橋加快速度，這就是所謂的「心跳加快」，接著接觸到要自己填寫問卷的女性時，就錯把這種因為吊橋所引起的心跳頻率，歸因到眼前的女性身上。

這就是有名的「吊橋理論」。

（未完，待續）

愛情小惡魔：

當我們以為這就是「愛」的時候，殘忍的科學家們總喜歡跳出來戳破這些美麗的泡影，不過，現實環境是無限的，而實驗是有限的，如果過分拿「有限」來解釋「無限」，將會是一種很危險的舉動。

愛情是份禮物，還是磨難？

凡是「感受」就會一變再變。

——詩人里爾克

心跳加速的真面目

「心跳加速」的時候，並不代表這就是「心動」，有時候真的單純只是剛好「心跳加速」而已。當我們以為自己正要先開愛情的面紗時，才赫然發現一切不過只是想太多的假象？

吊橋理論要告訴我們的事情就是——B組男性走晃得很厲害的吊橋時，所產生的心跳加速，讓他們對問卷女性產生出相對較高的好感，這股好感甚至足以支持他們後來打電話給問卷女性。

在實驗中，明明A組男性也面對相同的一位問卷女性，但因為走很平穩的吊橋，心跳加速沒那麼快，面對問卷女性時心情很平靜，好感度相對而言沒那麼高，所以就沒有再費事打電話詢問實驗結果。

看著這個實驗結果，讓人忍不住聯想到電影或漫畫中常出現的兩種畫面，回頭想想，似乎都是特別容易令人心跳加速的時刻。

第一種是剛交往的情人很愛跑去遊樂園約會這件事，知道這個實驗結果後，好像有點理解為什麼已經成人的情侶，這麼愛跑遊樂園。

第二種則是電視、電影男女初相遇時，不是女主角差點滑倒、被男主角緊緊抱著，就是男主角正在進行什麼略帶危險的事，女主角剛好出現，似乎剛好都是會讓人心跳加快的背景。

於是，有人透過吊橋理論得出一條結論：**當我們感到「心跳加速」的時候，其實並不代表這就是「心動」，有時候真的單純只是剛好「心跳加速」而已。**

當我們以為自己正要先開愛情的面紗時，才赫然發現一切不過只是想太多的假象？這個實驗結果，似乎有點悲傷的味道。

愛情小惡魔：

不管剛開始的心動是真的也好，假的也罷，「心跳加快」只是一種徵兆，如果因此結識到一位朋友或情人，其實也不壞。

愛情是份禮物，還是磨難？

我們在知識裡失落的智慧，於今何在？
我們在資訊中失落的知識，於今何在？
　　　　　　　　——英國詩人艾略特

「情緒轉移」
成就一段錯誤的愛情

相信大家都聽說過一種說法——「不要在感情最脆弱的時候，決定要不要跟一個人交往。」這句話背後想要警告的東西，「吊橋理論」遠遠大於「趁虛而入」。

Annie和男友大吵一架後分手了，心情低落的她甚至覺得自己恐怕再也沒有辦法戀愛，也不會再有人愛上自己。這時候隔壁部門的Jason傳封訊息過來，邀她下班後一起去吃晚餐。

雖然猶豫了一下，不過Annie希望自己不要再沉溺於失去情人的情緒，也不想再為想起前男友的事而暗自情緒起伏過大，最後的回覆是——OK！

碰面時，兩人先聊了些別的事情，最後話題依然避免不了轉到最近的失戀，Annie越說越生氣，也越說越傷心，

Jason給予全面性的支持與鼓勵，讓覺得自己墜入黑暗中的Annie感到溫暖。過沒多久，Annie和Jason開始交往起來。

有人會稱這種現象為「趁虛而入」，但實際情況可能比趁虛而入還要更複雜一點，應該還有一點「吊橋理論」的成分。

相信大家都聽說過一種說法——「不要在感情最脆弱的時候，決定要不要跟一個人交往。」

這句話背後想要警告的東西，「吊橋理論」遠遠大於「趁虛而入」。

上面那句話的重點，在於「不要在感情最脆弱的時候」。假設感情最脆弱的時候，情緒溫度比較低，低於自己「感情處於一般狀態」之下，只要有人稍微表示一點關懷或體貼，感覺就會特別溫暖，尤其是對方如果挑在這種時候告白，情況會更加明顯。

差別在哪裡，請見以下小小簡易分析表。

狀況A：

感情一般狀況的時候 → Annie情緒50度C → Jason出現表達關懷40度C → 兩人相安無事（就算Jason告白，Annie也不一定會答應）

狀況B：

感情最脆弱的時候 → Annie情緒20度C → Jason出現表達關懷40度C → Annie突然覺得Jason好體貼又溫柔（就算Jason不告白，Annie說不一定也已經芳心暗許）

愛情小惡魔：

愛情的結合，也同樣需要經過「考慮」與「選擇」，才能生長出來的，但在低落的情緒下，我們很可能做出錯誤的選擇。

 愛情是份禮物，還是磨難？

友誼的結合，是要經過考慮與選擇，才能生長出來的。

——莫里哀

有種心跳加快
的動力，來自於「心」

當我們面對有好感或相愛的人時，「思考」和「感情」同時產生震動，心念顫動之餘，連生理上的心跳也為之牽動，「理性」、「感性」，以及「生理狀態」三者交互作用之下，才能產生出最美的「怦然心動」的感覺。

聽說人在心情低落的時候，心跳會比平常速度還要慢一些，跟人在感到興奮有趣時的心跳反應正好相反。

在心情低落的時候，只要有個人說了一句鼓勵的話，或是做了一個稍微體貼一點舉動，所造成的回饋很可能會比一般情況還要來的大。

就像在50度的水裡加入40度的水（感覺變化不大或者有點涼），和在20度的水裡加入40度的水（感覺好像水變溫暖了），一樣加入40度的水，但會引起兩種不同的感覺。

心動：很可能只是純粹「心跳加速」，單純生理反應的一種，我們可能在剛跑完操場時心跳加速，也可能在剛走下海盜船時心跳加速，無關乎任何感情事件，事情的發生跟結束都很單純，身體反應作崇而已。

　　動心：我們可能站在原地不動，一個人出現在眼前，或者從身邊走過，心跳突然無法遏止的不斷加速起來，令人情情不自禁臉紅心跳。我們較少對陌生人突然感到強烈的臉紅心跳，卻會在有好感或相愛的人出現時，出現劇烈的心跳的反應。

　　這是因為當我們面對有好感或相愛的人時，思考和感情同時產生震動，心念顫動之餘，連生理上的心跳也為之牽動，「理性」、「感性」，以及「生理狀態」三者交互作用之下，才能產生出最美的「怦然心動」的感覺。

愛情小天使：
愛情也有相同現象，真愛的基礎，在於兩個人的心腸和靈魂，有著最大的相似人。

愛情是份禮物，還是磨難？

> 友誼的基礎，在於兩個人的心腸和靈魂，有著最大的相似人。
> ——貝多芬

「溫水青蛙效應」 愛情版

「溫水青蛙效應」不只適用於職場上，也可以對應到一段關係。當愛情開始慢慢變成一種習慣時，愛情身上鮮豔的顏色將開始凋敗……

職場上有一種很有名的「溫水青蛙效應」，有點類似「井底之蛙」的加速死亡版本，畢竟井底之蛙只是不曉得外面世界有多大，故步自封也許很狹隘，但還致於會招致滅亡，而溫水青蛙很可能因此而喪命。

「溫水青蛙效應」意思是把一隻青蛙放到溫水裡（溫水：象徵舒適的生活圈），等青蛙慢慢適應水溫後，開始不斷加熱水溫。

面對不斷慢慢升溫的水溫，青蛙的察覺力是不夠的，直到水被加溫到沸騰，青蛙也就一命嗚呼了。

這是一種可怕的現象，以許我們會覺得青蛙的警戒心未免太低了，其實我們常常在不知不覺中，跟青蛙一樣犯下同樣的錯誤而不自知。

例如：當一段感情來到穩定期後，我們往往分不清現在到底算穩定交往，還是已經變成一種習慣？

「溫水青蛙效應」不只適用於職場上，也可以對應到一段關係。當愛情開始慢慢變成一種習慣時，愛情身上鮮豔的顏色將開始凋敗……

愛情小惡魔：

當我們以為手中已經緊握住愛情時，往往會忘記愛情也很能變成細沙，慢慢從指縫間一點一滴流失掉。

愛情是份禮物，還是磨難？

越想逃避，往往越會在逃避的路上撞見自己的宿命。

——拉封丹，法國寓言詩

Chapter 4

紅酒杯上的
裂痕關係

愛情最甜美的果實不是「勝利」，而是「相愛」。

正宮娘娘
居然不是我？！

她也慌了，只知道自己喜歡眼前這個男人，既然他說會和正牌女友分手，那就相信他一次吧，反正情況再糟，也不會比突然發現自己是人家第三者更糟。

Jennifer在一家不錯的科技公司工作，不管是薪水或工作環境都是人人稱羨的好，不過這一年半來，最常出現在Jennifer臉上的表情不是快樂，而是不平、忌妒、憤怒以及越來越嚴重的憂鬱。

一直給人精明能幹印象的Jennifer，在數月前發現男友另有他人時，Jennifer以自己是男友正牌女友的身分加以質問，後來才驚愕發現原來正宮娘娘不是自己，她赫然驚覺到自己居然在不知不覺中──成了別人的第三者？

當下，Jennifer感覺相當錯亂，腦子裡不斷快速來回跑著一個念頭「我居然成了別人的第三者」、「我居然成了別人的第三者」，在這件事情爆發之前，她從沒想過自己有天竟然會成為人家的第三者？

看著男友在自己眼前一再懇求，說是再多給他一點時間，他會和正牌女友分手，讓Jennifer成為他光明正大的女友大人。

當時腦子一片混亂的Jennifer，什麼話也沒說，從沒處理過類似事件的她也慌了，只知道自己喜歡眼前這個男人，既然他說會和正牌女友分手，那就相信他一次吧，反正情況再糟，也不會比突然發現自己是人家第三者更糟！

但這一回，Jennifer又料錯了，情況確實還可以在更糟，而且完全超乎她所能想像的地步。

（未完，待續）

愛情小惡魔：
真正的愛情，會讓自己不斷成為更棒的人，如果實際情況剛好相反，談段感情居然讓自己不斷成為更糟的人？這段感情是不是真愛，有時候停下來看看自己人生的走向，便能窺知一二。

愛情是份禮物，還是磨難？

忌妒，那隻惡龍，以「維護愛情」的名義作為偽裝，卻殺死了愛情。

——英國心理學家哈夫洛克・藹理士

已有惡意的心靈，容納不了新生的智慧。

——若貝萊

年輕的時候會想要談很多次戀愛，但是隨著年齡的增長，終於領悟到愛一個人，就算用一輩子的時間，還是會嫌不夠。慢慢地去瞭解這個人，體諒這個人，直到愛上為止，是需要有非常寬大的胸襟才行。

——《我的失憶女友》

愛情的真面目，
絕不是醜陋的真相

就算再傻，也該有個極限了。她低頭，看見自己氣得渾身發抖，抖得像快要解體的雙腳正一步、一步走向婚紗店，一隻手甚至放到巨大玻璃門的門把上。

男友第一次說要和正牌女友分手，已經是一年前的事，這一年以來，男友會不定期到Jennifer租屋約會，每次碰面說不到幾句話便滾上床，每當她想問對方到底和女友分手了沒，男友總是支吾帶過，接著用激烈的性愛結束話題。

Jennifer不知道情況為什麼會變成這樣？

好像在沒有察覺的情況下，被對囚禁在一段見不得光的關係裡，尤其每到情人節、聖誕節，或是任何一個跟情人有關的節日時，這種被拋在一邊的黑暗感覺就會更加強烈。

慢慢的，她心裡開始產生一股怨恨，恨對方對自己的敷衍，也恨對方正牌女友憑什麼贏過她？論家世、工作Jennifer有自信自己絕對不會輸人。難道對方長得比自己還正，身材比自己還好？

　　Jennifer心中產生了疑問，用了一點手段，查出對方正牌女友的工作地點，打算親自去會會對方。

　　只是這一看，看得她當下又是狠狠一愣！因為對方下班後，男友不但去接她下班，兩人居然還跑去試婚紗？

　　這時候Jennifer才恍然大悟，原來對方（她已經無法稱對方為男友）一直都在虛應自己，說要和女友分手，結果卻分到跑去試婚紗！就算她再傻，也該有個極限了。

　　Jennifer看著他們手勾著手，滿臉幸福走進婚紗店，低頭，看見自己氣得渾身發抖，雙手緊緊抓著皮包帶子，抖得像快要解體的雙腳正一步、一步走向婚紗店，一隻手甚至放到巨大玻璃門的門把上。

　　今天，她就要揭穿這個男人令人作噁的真面目……

（未完，待續）

愛情小惡魔：
在愛情的世界裡，不是人人都是贏家，
就是人人都是輸家。

愛情是份禮物，還是磨難？

從未成功過的人，覺得成功最甜美。

—— 狄更斯

不管任何時候我們都有兩種選擇：一個是勇往直前，追求
成長，另一個是向安全感屈服，退縮不前。

—— 心理學家馬斯洛

愛情能戰勝一切，尤其是恐懼。

——《初戀那件小事》

愛情中的謊言，就像童話中騙人的笛子手，雖然好聽，卻是讓自己走向毀滅的可怕陷阱！

愛情最甜美的果實
不是勝利，而是相愛

「原來論及婚嫁的感情不過如此而已」、「原來正宮娘娘比自己更慘，到現在都還被蒙在鼓裡」……沒完沒了、充滿惡意的想念衝滿Jennifer整個腦子，她覺得自己快要崩潰了。

就在Jennifer正想推門而入時，婚紗店裡一位笑瞇瞇的小姐走過來，替她把門拉開，和善地開口：「歡迎光臨，請進。」

就在這一瞬間，Jennifer止住腳步，眨眨眼，發現自己不想踏進婚紗店，當場揭穿對方已經無法令她滿足，她要讓他們跟自己一樣痛苦、難堪，甚至開始討厭自己才行。

Jennifer轉身就走，開始計劃一連串的報復行為，舉凡打電話騷擾、把男人欺騙的行徑如實流傳出去、發送訊息讓那位什麼都還不知道的正宮娘娘，知道一點事情的眉目。

這一連串的小動作，引發出宛如漣漪般一層、一層的影響，Jennifer發現自己身上的痛苦正一點、一滴往外蔓延到另外兩個人身上，可是有一點很奇怪，明明自身的痛苦往外擴張了，自己體內累積的痛苦為什麼不但沒有減少，反而還變得更加鞏固了？

Jennifer原本以為讓他們都感到痛苦後，自己就成功了，可是如果這就是成功，為什麼嚐起來一點也不甜美？自己內心不但沒有安靜下來，反而開始出現尖銳的諷刺。

「原來論及婚嫁的感情不過如此而已」、「原來正宮娘娘比自己更慘，到現在都還被蒙在鼓裡」……沒完沒了、充滿惡意的想念衝滿Jennifer整個腦子，她覺得自己快要崩潰了。

就在這時候，Jennifer把整件事情始末讓「那個男人」和「可憐的正宮娘娘」都知道，只是她在做這件事情時，沒料到有天「可憐的正宮娘娘」居然會打來要求見面……

以為自己早已經練就一身銅牆鐵壁的Jennifer，收到見面要求時，再次徹底震驚到說不出話來。

（未完，待續）

愛情小天使：

當 Jennifer 以為這段感情不會出現轉機時，奇蹟出現了，只不過帶來這個奇蹟的人不是「那個男人」，而是「原來並不可憐的正宮娘娘」。

愛情是份禮物，還是磨難？

我在21歲知道自己是漸凍人後，就把期望降到了零。自此以後，一切都是額外的禮物。

——霍金

我們大部分的人都渴望被聆聽，渴望與人溝通。

——桃莉。普列文

有時候你贏了，但其實你輸了。

——《美夢成真》

感情漸凍人

Jennifer靜靜等著，看正宮娘娘打算怎麼出狠招料理自己，結果正宮娘娘是開口說話了，可是她說話的對象不是自己，而是手機另外一頭的男人？

Jennifer想像自己是身體漸凍人霍金的另一種版本——她是「感情漸凍人」。

在她把對感情的期望降到了零之後，居然獲得一個額外的珍貴禮物：和正宮娘娘的一次碰面對話。

正宮娘娘先聽Jennifer把事情始末說過一遍，接著兩人之間陷入短短幾秒鐘的沉默。在這段時間裡，Jennifer腦中快跑過電視劇裡有點八股的劇情，等待接下來正宮娘娘會苦苦哀求自己離開那個男人，還是用犀利的「準人妻」身分逼退自己。

Jennifer靜靜等著，看正宮娘娘打算怎麼出狠招料理自己，結果正宮娘娘是開口說話了，可是她說話的對象不是自己，而是手機另外一頭的那個男人？

她驚得腦袋一片白茫茫，隱約中依稀聽到正宮娘娘用冷靜口氣，說什麼「沒有婚禮了」、「對，就是分手的意思」、「以後請不要互相聯絡」這類跟對方恩斷義絕的話。

結束通訊後，正宮娘娘看Jennifer一眼，問她：「妳有話要跟我說嗎？沒有的話，我要先走了，謝謝妳把這件事說出來。」

Jennifer本來沒有話要跟正宮娘娘說，可是看對方這等冷靜的處理方式，她頓時有滿腹疑問想問她。

「妳真的要甩掉未婚夫？」（此時，Jennifer內心os翻騰不已：正宮娘娘不搶奪愛情中的勝利品——那個男人了嗎？電視劇不是這樣演的！）

正宮娘娘看她一眼，沉靜開口：「總比將來鬧離婚好，謝謝妳及早告訴我，及早止血治療。」

（未完，待續）

愛情小天使：

在愛情世界裡，誰能想得比較透徹，誰就能適時放下，張開雙翅，飛向下一段幸福。

愛情是份禮物，還是磨難？

江湖裡臥虎藏龍，人心裡又何嘗不是呢？

——《臥虎藏龍》

仇恨是包袱，生命太短暫不能總是憤世嫉俗，那樣不值得。

——《美國X檔案》

在愛情世界裡，誰能想得比較透徹，
誰就能適時放下，張開雙翅，飛向下一段幸福！

謝謝你曾陪伴我，不過
該是我飛向下一段幸福
的時候了！

一份愛 ≠ 一個男人

「我不知道他愛不愛我，可是我很清楚知道一點——他不夠愛我，否則他不會像現在這樣傷害我。」

承接上篇未完的對話。

Jennifer努力想追上正宮娘娘的思維，呐呐開口問。「妳的意思是——如果妳跟他已經結婚了，知道我跟他的事情後，也會選擇離婚？」

「當然。」正宮娘娘回答。「有這麼理所當然嗎？妳到底愛不愛他啊！」Jennifer突然怒火衝腦，自己爭了這麼久、忍了這麼久，都是為了那個男人，而這個正宮娘娘現在居然說不要他就不要，她根本不愛那個男人。

見Jennifer發了一場無名火，正宮娘娘靜靜看Jennifer數秒後，緩緩揚嗓：「我愛他，可是就因為我愛他，如果他身上沒有我想要的東西，我就會直接離開他。」「身上沒有妳想要的東西？」什麼東西？Jennifer一臉茫然。

　　「我很慶幸自己是個現代女人，可以工作、可以享受經濟自主的自由、可以對自己的愛情負責，而不是一定得依附在某個男人之下生活。」正宮娘娘說。「我覺得自己好像還是沒怎麼聽懂……」Jennifer臉上的迷霧越來越濃。

　　「我愛他，**我想要從他身上得到的東西，不是一張長期飯票、不是安穩的生活、不是生活的保障，我只要他的愛，可惜他身上沒有我想要的東西。**」「可是妳怎麼知道他不愛妳？」Jennifer說完，赫然驚覺自己好像正在幫那個男人說話，又好像在說服眼前的正宮娘娘相信男人是愛她的。她到底在幹什麼啊？

　　「我不知道他愛不愛我，可是我很清楚知道一點──」正宮娘娘露出一抹看透了什麼的淺淺微笑，看著Jennifer的雙眼慢慢說道。「──**他不夠愛我，否則他不會像現在這樣傷害我。**」

（未完，待續）

愛情小惡魔：

透過Jennifer，正宮娘娘看見了身邊男人內心的真面目，一個無法為愛情負責任的男人，通常也無法為婚姻負起責任。

愛情是份禮物，還是磨難？

我們的世界大戰在心裡，我們最大的恐慌來自生活。

——《鬥陣俱樂部》

受過傷的人最危險，他們知道自己可以存活下來。

——《烈火情人》

珍惜通常在行為裡落腳，不是嘴巴裡

如果男人愛正宮娘娘，又怎麼會跟自己有這一腿。如果男人愛自己，又怎麼會跟正宮娘娘踏進婚紗店裡談分手？

看著正宮娘娘離去的背影，Jennifer感覺很錯亂。她一直認為男人愛正宮娘娘，所以才會一直虛應付自己，遲遲不肯跟正宮娘娘分手。

於是，她忌妒，忌妒正宮娘娘擁有男人的愛，自己明明不比她差，為什麼男人愛她，不愛自己？

Jennifer甚至渴望，男人對正宮娘娘的情深意重，有一天能轉嫁到自己身上，被他那樣愛著，可是現在整個世界正在崩盤……漸漸的，Jennifer終於把整個事情看個清楚了。

如果男人愛正宮娘娘，又怎麼會跟自己有這一腿。如果男人愛自己，又怎麼會跟正宮娘娘踏進婚紗店裡談分手？

那個男人其實誰都不愛，只愛他自己。想通這點之後，Jennifer開始想不通自己先前到底是怎麼了，怎麼會對這樣一個男人如此放不下？

在此之後，Jennifer又跟男人碰面了兩次，一次在對方公司樓下的咖啡店，只花了不到半小時時間就結束談話，另一次在跟朋友聚餐的途中，拐了個彎，跟對方約在速食店裡，喝了兩口飲料，花了十分鐘結束談話。

在這兩次談話裡，她看著男人，心如明鏡般確認了兩件事情⋯⋯

（未完，待續）

愛情小天使：

有時候愛情很折磨人，更多時候愛情看起來就像一道複雜難解的考題，但只要仔細看，它往往會給我們許多有用且清楚的提示，可惜的是，就算我們看見了，知道了，卻不一定能真正了解或看懂。

愛情是份禮物，還是磨難？

鳥兒願為一朵雲，雲兒願為一隻鳥。

——泰戈爾

正直是最佳的外交政策。

——俾斯麥

年輕的時候總想知道沙漠那邊有什麼⋯⋯

——《東邪西毒》

愛情責任感

Jennifer不再被男人的話術耍得團團轉，尤其每當心裡有所困惑時，就會抽掉對方的言詞，只觀察他的「行為」，答案常常能因此呼之欲出。

Jennifer看著男人，之所以後來又跟男人短暫的碰面了兩次，有一大部分原因是想確認了兩件事情：

第一件事，正宮娘娘是否已經完全離開這個男人？得到的答案是正宮娘娘不僅與他分手，而且是切得乾乾淨淨的那一種。

第二件事，是關於她自己——沒了正宮娘娘之後，她發現自己其實沒那麼喜歡這個男人，彷彿原本緊緊相扣的一環，隨著正宮娘娘的消失也跟著不見了。

確認過這兩件事情後，Jennifer不再和男人有聯絡，就連生日或聖誕節時，收到男人寄來的祝賀訊息，心中也波瀾不興，宛如明鏡。

　　以前她渴望在情人節與聖誕節收到對方傳來的訊息，卻屢屢以失望收場，現在男人把自己以前渴望的東西寄來的，卻已經不是她想要的東西了。

　　經過這次感情歷練，Jennifer雖然覺得自己似乎看透了些什麼，可是這並不代表之後的感情路就會走的一帆風順，只是當她再遇見類似案例，男人深情款款對她說：「我會跟我老婆提離婚，不過妳要給我一點時間去辦，這件事才會比較圓滿。」

　　每當這個時候，Jennifer也會深情款款對男人說：「等你真正辦好離婚再來找我，我不忍心看你夾在兩個女人中間難做人。」

　　Jennifer不再被男人的話術耍得團團轉，尤其每當心裡有所困惑時，就會抽掉對方的言詞，只觀察他的行為，答案常常能因此呼之欲出。對Jennifer來說，當人家第三者就是對自己不負責任，因為她居然縱容一個對愛情不負責任的對象，對自己拋出一份虛假的愛情。

愛情小惡魔：
別人欺騙我們，是他們不對，
如果我們欺騙自己，就是我們
不對。

愛情是份禮物，還是磨難？

誰的人生在放大鏡下檢視會沒有缺陷？

——《驚爆內幕》

所以相信我，如果一個男人表面上對你不怎麼在乎，他媽
的真的不在乎你！沒有例外。

——《他真的沒那麼喜歡妳》

Chapter 5

當火星人與金星人被綁在一起

　　愛情的長度，不是時間。愛情的深度，不是付出。

愛情，最少就是最多

在愛情的世界裡，「最少」就是「最多」，能夠專心一意只愛一個人，就是最完整、最完美的愛情，通常我們會稱之為——真愛。

有人說：「被愛是幸福的，愛人是辛苦的。」也有人說：「被愛是幸運，愛人是幸福。」這些話其實都只說了一半。

也許「被愛是幸福的」，但是如果我們不愛的人天天出現在面前，時時刻刻噓寒問暖，這種感覺是幸福，還是另外一種負擔呢？

也許「愛人是辛苦的」，但是如果看著對方因為自己的付出而溫暖笑開，自己覺得甘之如飴，甚至跟著對方緩緩笑開，這種感覺是辛苦，還是另外一種幸福呢？

也許「被愛是幸運的」，但是如果愛自己的人，自己卻一個也不愛，這樣還能算是幸運嗎？

也許「愛人才是幸福的」，但是如果必須眼睜睜看著深愛的人和另外一個人在一起，這是一種幸福，還是一種折磨？愛人與被愛，就像一個翹翹板，一個不留神，很可能坐在下方的人下一秒突然莫名升到上方，或者相反過來。

在愛與被愛的習題裡，其實還有一個更重要的課題，如果對方愛我，是「愛我」，還是「只愛我」？在愛情的世界裡，最少就是最多，能夠專心一意只愛一個人，就是最完整、最完美的愛情，通常我們會稱之為──真愛。

愛情小天使：

愛情是一種很特殊的感情，我們可以用愛孩子、愛親人的心，去愛其他的人，卻無法用愛情人的心，去愛任何一個人。

愛情是份禮物，還是磨難？

被愛沒什麼了不起，我要的是對方只愛我。

──法國作家安德烈·紀德

愛情，限定只對
某個人才有效的感情

在對方出現前，這些行為跟想法都密封在靈魂的最深處，只有當對方出現時，盒子才會被慢慢打開，我們才會開始出現那些「不像自己原本會做的行為」。

「自己原來不是這樣的人，可是一遇上對方，自己就好像變得有些不一樣了。」

「我從來沒有追過女生，但是她不一樣，和她說話會緊張，看不見她的時候會想很多。」

「心中總有很多問題想要問她，可是兩人一見面時，又只想好好看她，肚子裡那些堆積如山的問題，會突然一個也想不起來」

「每次聽見手機響起，都會暗自偷偷希望是對方打來的，心跳甚至因此偷偷加快很多，拿出手機一看，如果是對方打來的，心跳會繼續往上飆快，如果是別人的打來的，心裡就會突然鬆了好大一口氣，感覺心跳平穩許多，沒那麼緊張，可是心裡頭卻有一點淡淡的失落。」

只有這個人，才能對我們產生這種影響，其他人都不行。愛情，是一種只對「某個人」才會產生某些特殊行為的感情，在對方出現前，這些行為跟想法都密封在靈魂的最深處，只有當對方出現時，盒子才會被慢慢打開，我們才會開始出現那些「不像自己原本會做的行為」。

愛情小惡魔：
愛情先讓我們看起來很不像自己，
然後才開始慢慢更接近真正的自己。

愛情是份禮物，還是磨難？

愛一個人，就是掏空他的靈魂，並藉由這樣的強取豪奪，讓他了解到他的靈魂有多麼寬大寬裕、取之不竭，而且清純明亮。這正是我們每個人心中的苦：我們被奪取得不夠多。我們蘊藏著豐富的力量，卻沒人懂得如何汲取，和如何讓我們認識它們。

── 克里斯提昂、柏班、法國作家

靈魂最強原動力

這種幾乎拋開自我、只為對方考慮的能力,很難從親情或友情中學到,愛情才是這方面的最佳導師。

愛情像個惡魔一樣。當我們發現自己的愛情就在某個人身上時,便會開始不斷掏空自己,不自覺的不斷付出,同時往往也會要求對方不斷掏空自己,對我們付出那些⋯⋯對方還不曾付出過的一切。

但愛情更像個天使。它讓我們開始做一些以前不會做的行為、開始打開心門、開始學會坦承表達自己的內心感情。

剛開始的時候,我們或許會覺得害怕,常常覺得很受傷,可是只要把時間拉長來看,就會開始懂得一件事——我們好像慢慢越來越解自己了。

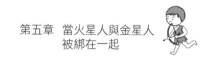

　　愛情最棒的一點就是——我們可以透過愛情，像剝洋蔥一樣，一層一層持續看見更多不同面向的自己，包括：那些小小的忌妒、偶爾冒出的佔有慾、付出比得到更開心的心情、把對方的幸福看得比自己的幸福還重要……

　　然後，我們漸漸發現自己終於能夠完全站在對方的立場來思考事情、體貼對方、為對方設想，這種幾乎拋開自我、只為對方考慮的能力，很難從親情或友情中學到，愛情才是這方面的最佳導師。

愛情小天使：
因為愛，所以我們不斷成長，只希望自己有一天能幸福擁有一份成熟的愛情。

愛情是份禮物，還是磨難？

情緒是讓我們在生活中勇往直前的動力來源。
　　　　　　　　　　　　——作家桂格，布萊登

愛情的長度，不是時間

有時候一個不經意的眼神、一份盤旋在胸口就久久不散的情緒，比行為以及語言來得更貼近真實的愛情。

天長地久是多久？永恆到底是幾年，或者計算單位是幾輩子才算夠？如果我們掌握不了未來，為什麼不乖乖握緊現在就好？

孔子曾說：「焉知生，何謂死。」

關於現在的種種，我們都尚未了解透徹，為什麼要杞人憂天煩惱到天長地久的永恆去？是不是因為對當下的愛情感到恐慌與不足，所以才會拼了命似的想要預約更多、更多的時間？

愛情的長度，不是時間。愛情的深度，不是付出。我們很習慣從人的行為以及語言中，去尋找跟蒐集相愛的證據，可是真正的愛情，其實很少透過行為以及語言來表現；有時候一個不經意的眼神、一份盤旋在胸口就久久不散的情緒，比行為以及語言來得更貼近真實的愛情。

　於是，我們常常在現實環境裡與愛擦身而過。於是，我們往往在自己內心裡與愛擦身而過。傾聽別人的聲音，其實並不難，真正難的是傾聽自己內心的聲音，而許多無解的答案，就藏在這裡面。

　愛情的長度，是彼此都把對方放在心裡的時間。愛情的深度，是就算對方沒有為自己做什麼事，只是靜靜待在身邊，我們依然能感到前所未有的幸福。這，就是愛情最大的魔力。

愛情小惡魔：
愛情也是一篇小說，不在長，而在好。

愛情是份禮物，還是磨難？

生命是一篇小說，不在長，而在好。

——辛尼加

愛情的長度
來自於能讓我們感動多久！

雖然我們交往的時間最長，
但他心裡真的有我嗎？

希望是愛情的血液

我們可能不在乎一份工作，可能也沒那麼在乎自己的生命，可是我們不可能不在乎——在我們愛情裡頭的另一半。

愛情的深度究竟是什麼？愛情的深度是——就算對方沒有為自己做什麼事，只是靜靜待在身邊，我們依然能感到前所未有的幸福。

這是最寧靜，也最甜美的愛情。以政治學來說，這種愛情深度甚至已經近乎老子另外一種層面上的無為而治了，明眼看著好像什麼也沒做，但其實所有效果通通全部達成了。

愛情，在某些時候，其實跟「希望」很像。生活中，總是充滿大大小小的難關與挑戰，既然有難關與挑戰，就一定會有令人傷心難過的失敗或挫折，在愛情中也是。

比起生活中的種種磨難，一遇上愛情，那就可真是小巫見大巫了。之所以說它是小巫見大巫，並不是指生活中的事件舉無輕重，相反的，我們在生活中遇到的事情，比小情小愛其實更加重要，一個弄不好，工作丟了，又一個弄不好，搞不好連性命都丟了。

可是這個會讓我們丟掉工作、丟掉性命的生活中的磨難，根本比不上愛情對我們造成的影響。我們可能不在乎一份工作，可能也沒那麼在乎自己的生命，可是我們不可能不在乎──在我們愛情裡頭的另一半。

愛情小天使：

這聽起來或許有些弔詭，但愛情的魔力就在於──即使知道它會讓人傷心難過，我們依然渴望擁有它，最可怕的是，我們不認為這是一種折磨，而是一份最珍貴的禮物。

愛情是份禮物，還是磨難？

相信愛情，即使它給你帶來悲哀，也要相信愛情。

──泰戈爾

結婚，不結婚？

如果婚姻是愛情的墳墓，那麼什麼是婚姻的墳墓？

如果一段愛情走到了最後，不想選擇進入婚姻墳墓，又可以走到哪裡？

　　在一場盛大的婚禮過後，從此，王子與公主過著幸福快樂的日子……這是童話故事裡，常常出現的故事結尾，於是很多人以為「結婚」＝「幸福快樂的日子」。

　　不過大家都忘了一件事，王子與公主結婚後將不再是王子與公主，而是戴上「責任皇冠」的國王與皇后。

　　曾經有人說：「結婚那天，看著滿室賓客，我以為自己即將進入幸福快樂的日子，直到後來才發現，那一刻其實已經是幸福的最頂點，接下來生活裡的幸福感只是不斷往下掉……往下掉……」

也有人這樣形容婚姻：「已經進入的人想出來，但出不來，還沒進去的想進去，但目前還在外頭排隊等待。」似乎在暗示著，**婚姻不過是場可以引發出人類好奇的悲劇？**

如果婚姻是愛情的墳墓，那麼什麼是婚姻的墳墓？如果一段愛情走到了最後，不想選擇進入婚姻墳墓，又可以走到哪裡？

愛情小惡魔：

愛情最邪惡的一面，不是愛情本身，而是愛情所帶來的混亂與茫然。

愛情是份禮物，還是磨難？

人生並不如想像的那麼美麗，亦不如想像的那麼醜陋。

——莫泊桑

夏娃並非從亞當的頭骨所造，好掌控他；也非出於他腳骨，遭他踐踏。乃是用他的肋骨所造，表示與他平等；肋骨在他的臂膀之下，表示受到保護。

——馬修‧亨利在創世記註釋書中的闡述

為愛而愛，
為結婚而結婚

因為從小她最常聽見的話，就是「女人最重要的是要找個好歸宿」，而不是要「擁有一份愛」；要「找個好老公。」而不是「擁有一個好男人」。

請「為愛而愛」，但不要「為結婚而結婚」。

結婚本身沒有什麼不好，但要看它以什麼為基礎建構起來？為「愛情」而結婚，婚姻這座城堡地基穩固。為「結婚」而結婚，婚姻這座城堡宛如海灘邊的沙堡，看似牢固，其實很危險。

有不少人覺得，這輩子都不結婚，就好像人生裡缺了一塊，於是急急忙忙找個人，彼此約定，交往一年後，如果沒什麼大問題，我倆就結婚吧！

基本上，除了這是一種危險動作以外，其實也沒什麼不好。曾有個長輩，老公到大陸包二奶、搞外遇，已經大了的孩子們也都支持她快點離婚，但她卻堅持不離婚。

於是便有人問她：「為什麼？」她回答：「女人想抓住婚姻，只能忍耐。」一段瘡痍滿佈的婚姻，為什麼還要緊抓不放？比起「幸福生活」，也許這位長輩更想要的是「婚姻本身」。因為從小她最常聽見的話，就是「女人最重要的是要找個好歸宿」，而不是要「擁有一份愛」；要「找個好老公。」而不是「擁有一個好男人」。

男人本身如何可以稍後再看，重要的是他能不能成為一位好老公？老公是歸宿裡的必要配備，不能丟了他，所以只好選擇忍耐。

聽起來也許有點誇張，但在很多長輩的觀念裡，遲遲不肯離婚，是想要在配偶欄裡有個名字，彷彿只要這樣做，就能讓人感到安心，然後自己可以靜靜待在這個「常態」裡，避免成為社會異類。只是他們還不知道，時代巨輪早就已經悄悄在改變……

愛情小天使：
在哪裡找到了愛情，
我就在哪裡重生。

愛情是份禮物，還是磨難？

> 在哪裡找到了朋友，我就在哪裡重生。
>
> ──泰戈爾

結婚證書背後的真相

就我們所知，愛情本身，可沒有政府頒發的「愛情證
書」，但我們心裡都很清楚，我們可以為了愛情，拋棄
全世界，也可以因為愛情，而擁有全世界！

結婚，不是人生選項中的必要選項，也不是人生課題上
的必修課。

婚姻，是一小群人為了控制一大群人，所制定出來的
「制度」，愛情，才是老天爺真正要我們鑽研的「人生課
題」。如果婚姻本身夠穩固，為什麼還要畫蛇添足弄張「結
婚證書」？

就我們所知，愛情本身，可沒有政府頒發的「愛情證
書」，但我們心裡都很清楚，我們可以為了愛情，拋棄全世
界，也可以因為愛情，而擁有全世界！

有人覺得結婚背後代表「穩定的生活」。如果以機率來說，一個人的生活其實比兩個人的生活更加穩定，至少不用承擔另一個人可能遇到的風險。

舉個例，今天有四個人在街上走，一塊招牌掉下來，註定要砸中一人，如果是一個人，被砸中機率只有四分之一。

如果其中一人跟自己是夫妻關係，因為是夫妻共同體的關係，被砸中機率提高到二分之一。風險增加＝生活可能出現更多變數。如此一來，生活真的有比較穩定嗎？

愛情小惡魔：
我們在年輕時，抓著了一個長得很像愛情的人，打算與之廝守到老死，卻在中年時才赫然驚覺這個長得很像愛情的人，其實是婚姻，並非愛情本人。

愛情是份禮物，還是磨難？

青年人是盲動者，中年人是奮鬥者，老年人是悔恨者。
—— 狄斯雷利

誰才能
說出正確解答？

染上吃喝嫖賭的惡習，結果原本應該跟自己一起平均分攤風險的那個人，本身居然成了「主要風險來源」？

也有人說，生活總是會遇到風險，如果結婚，遭遇人生重大打擊時，就可以多一個人站在我們身邊，共同並肩對抗險惡環境。這個想法有以下幾點疑慮：

第一點，兩個人也許可以平均分攤人生風險，但因為是兩個人，所以遭遇打擊的風險也變多了，如此一來一往，真的有比較妥當嗎？

第二點，人，是會變的。很多人現在看起來不錯，結婚後卻徹底改變，例如：突然染上吃喝嫖賭的惡習，結果原本應該跟自己一起平均分攤風險的那個人，本身居然成了「主要風險來源」？

第三點，論風險，結婚本身就是一個大風險。許多人這輩子最大的痛，不是工作，不是失親，而是離婚。

　　現在，還覺得結婚可以平均分攤人生風險嗎？愛情的天長地久，是多久？婚姻的保障，又保障了什麼？

　　外在的聲音從我們出生到與死亡那一刻，都會不斷出現在生活週遭環境，與其打開耳朵聽這些亂七八糟、紛擾不堪的聲音，不如關起耳朵，關上房門，把那些根本不重要張三李四、三姑六婆的口水經，通通堵在門外。

　　讓我們深深吸一口氣，靜下心來，打開心房，傾聽到底什麼才是自己真正想要的？這個問題的答案不長，也不難，但可以說出正確解答的人只有一個，那個人就是——我們自己。

愛情小惡魔：
結婚宜慎重，離婚更宜慎重。

愛情是份禮物，還是磨難？

交友宜慎重，棄友更宜慎重。
——富蘭克林

別讓愛情，成為
別人傷害我們的武器

我們都知道要盡快、徹底、瀟灑忘記對方，不過，這並
不容易，因為世間常理就是——對的事情，往往都不是
容易的。

情人的離開，會留下一道情傷。這道情傷，會令人感到
受傷、悲傷。

其實一段感情走到盡頭，對方只是做出離開這個行為，
行為背後的意義已經無關緊要，因為最重要的感情都沒了，
一個人的去留，又有什麼重要？不過，一般人依然還是可以
選擇不在乎、痛哭流涕，或者把對方永遠拋諸腦後。

我們都知道要盡快、徹底、瀟灑忘記對方，不過，這並
不容易，因為世間常理就是——**對的事情，往往都不是容易
的。**

值得慶幸的是，只要我們夠聰明，把事情看得夠通透，就會發現離開的人，對我們的殺傷力其實不是太大。

有句成語，暫時挪用來解釋一下：鞭長莫及。

真正恐怖的敵人，不是那個消失到不見人影的人，而是往往就在我們身邊的人（現在不是在聊職場厚黑學），尤其是離我們最近的那一個，**那個正住在我們心裡的──自己。**

愛情小惡魔：
愛情，也是一種鍛鍊靈魂的東西，只是鍛鍊我們的人應該是生活、愛情，或者是自己，而不應該是對方。

愛情是份禮物，還是磨難？

生活，是一種鍛鍊靈魂的東西。
　　　　　　　　──勃朗寧

戀愛，
有時是種誤入歧途

遇到壞情人，就當作先前自己不小心誤入歧途，如今改邪歸正、大徹大悟，電話該刪的就刪，該丟的盡早丟一丟，不該接的電話就不要接，不該回的晚安，就讓它石沉大海。

分手了，情緒陷入空前未有的人生低潮。

對於這種「自我折磨」現象，各家有各家的說法，佛家叫做「太執著」，前一陣子電視劇很愛用的「過不去」，一般民眾偏好用「想不開」、「死腦筋」……來形容。

分手時，哭得死去活來為的是什麼？套句小說《失戀33天》中的幾句話：「現在小男生，情義千金，不敵胸脯四兩！不過就是個喜新厭舊的物種，妳跟他尋死覓活的，對得起自己嗎？」

遇到壞情人，就當作先前自己不小心誤入歧途，如今改邪歸正、大徹大悟，電話該刪的就刪，請別忘了要「痛改前非」，該丟的盡早丟，不該接的電話，就不要接，不該回的晚安，就讓它石沉大海。

只不過，「痛改前非」這個成語第一個字就是「痛」，做起來當然不容易，可以稍微回想那些療癒MV裡的女主角，一邊收拾東西，一邊哭得很慘。不過，眾姐妹們也別太為她擔心，邊痛邊丟，也是一種自我療癒「改」的過程。

接下來就進行到下一階段：「前非」，這兩個字的重點不是名詞，而是形容詞「前」，已經用「過去式」來表述，代表事過境遷，心裡的那片天空此時又是一片萬里無雲。

愛情小惡魔：
愛情這份磨難最容易卡關的關鍵，不在於對方是否愛我們，而是當對方離開後，我們必須花多久時間才能走出這片陰霾？

愛情是份禮物，還是磨難？

二十歲時受意志統治，三十歲時受智力統治，四十歲時受判斷力統治。

——富蘭克林

快刀，才能立斬亂麻

通常這些話不只掛在嘴邊說，也會直接跟對方說清楚自己的底線，一旦事情真的發生，許多拉扯、糾結、猶豫都可以直接跳關，分手的乾淨俐落。

在愛情世界裡，當然偶爾也會出現幾個愛情修練等級很高的愛情達人，通常身邊朋友十幾個裡，才有可能出現一個這種等級的高人。

此等高人有的擅長用「玩股票」那一套，來料理令人心碎又腸斷的「感情悲劇」，是能真心唱出「分手快樂」的「莊子級」大徹大悟人類。

聰明又果斷的這群愛情達人，通常會在兩人還在談戀愛時，便給一段感情設下「最後底線」，一旦發現這段感情品質已經下跌到這條最後臨界點，不管來到人生哪個階段，都一定會「認賠出場」，說撤就撤。

在股票市場裡，通常一般人在面對曾害自己賠過大錢的股票時，眼底只有厭惡，要她再拿出錢來投資相同一支股票，困難度大概跟登天一樣困難，把同樣情況放在愛情是場裡來看，如果有人勸她複合，恐怕只會聽見她笑笑又涼涼飄來一句：「我還沒瘋。」

這類高手最常說的一句話，例如：如果有一方劈腿，我們馬上分手。通常這些話不只掛在嘴邊說，也會直接跟對方說清楚自己的底線，一旦事情真的發生，許多拉扯、糾結、猶豫都可以直接跳關，分手的乾淨俐落。不過，這類族群畢竟廣大戀愛世界裡是少數中的少數。

愛情小惡魔：
「先禮後兵」與「醜話先說在前頭」，不僅在商場上適用，在情場上適度運用，一方面可以達到警告作用，一方面在日後分手時，也可以縮短自己猶豫不決的心痛時間。

愛情是份禮物，還是磨難？

女人的思想比她們的行動跑得快。

——莎士比亞

情緒使用說明書

感到悲傷並不是一件壞事，如果可以藉此把悲傷宣洩出來，反而有助於自己能夠重新振作，繼續往下前進。

悲傷，是「過度主觀」的情感表現。不過，假如**我們覺得悲傷，那就是悲傷**。生活中幾乎所有東西都有一份「使用說明書」，買數位相機有，買洗衣機也有，卻沒有「情緒使用說明書」。「情緒」的主要功用，是來幫助我們「理解事情」，而不是「操控我們的人生」。

就連作家桂格，布萊登也說：「情緒，是讓我們在生活中勇往直前的動力來源。」而非用來顛覆我們的人生。

例如：被信任的人背叛，察覺自己胸口湧起的陣陣憤怒，能讓人理解到「背叛令人生氣，因為對方利用了我們的信任」，進而理解到「背叛是一種令人憤怒的行為」，有助於協助我們理解事情。

不過，如果人過度沉溺在某種情緒裡，就會變成一種危險，也是一種浪費人生的表現。例如：被背叛的人，如果一直活在憤怒或失望裡，所懲罰的對象將不是對方，而是自己，以及自己身邊最重要的人。被背叛的憤怒情緒是如此，悲傷的情緒也是相同道理。

　　當一段感情結束時，常常會讓人陷入極度的悲傷裡，甚至心情低落到無法自己。感到悲傷並不是一件壞事，如果可以藉此把悲傷宣洩出來，反而有助於自己能夠重新振作，繼續往下前進。

　　不過，如果任悲傷永無止盡一直持續下去，「感到悲傷」這件事反倒成了壞事，而非繼續往下走的原動力。

愛情小惡魔：
盲目的傷心，只有害處而無益處。只要我們願意，不管是悲傷、痛苦、憤怒……通通都可以化作前進的原動力。

愛情是份禮物，還是磨難？

盲目的熱心，只有害處而無益處。
——愛默生

如果悲傷放在心裡，
只會令人哭泣……

快點看看這個！

這是什麼？

嗚嗚～

情緒使用
說明書

悲傷也可以成為
前進的
最佳原動力！

悲傷
燃料

時下最流行的戀情模式

只是溫溫小火這種火侯，不是人人都能輕鬆駕馭的，有的人就算極小心地顧著，沒幾日就熄滅也是很尋常的事，不過，最恐怖的是，原本的溫溫小火失控了，釀成燎原之火……

有一種戀情介在朋友與情人之間，既能夠享受情人間般相處時的甜蜜，也能保有朋友之間的自由，這種戀情就是「曖昧戀情」。「友達以上，戀人未滿」，講的剛好也是現代社會十分流行的「曖昧戀情」。

在通訊時代相當方便的當代，我們可以同時和許多人用文字溝通，而且不受任何時間、地點限制，只要可以連上網，不管在通勤交通工具上、無聊的餐會上、主管胡亂發牢騷的會議桌下，都可以同步和數個朋友互相聯繫。

「曖昧戀情」最棒的地方，就在於還未踏入彼此約束的正式戀情裡，卻已經可以享受到戀情發展中的鹹酸甜。

在觀念開放及科技產品雙重護航下，一個人可以輕鬆便同時與許多人大搞曖昧。不只沒有男女朋友的人，喜歡一對多的曖昧關係，連已經有男女朋友的人，也熱愛和不同對像搞曖昧，甚至已婚者，也積極加入如火如荼的搞曖昧裡。

「曖昧戀情」就像溫溫小火，一點點的溫暖，一聲輕輕的問候，因為對方並非正式戀人，沒有既定關係的束縛，所以自動自發晨昏定省的關懷，顯得比正牌情人來得更加珍貴，也多了一點點的刺激。

只是溫溫小火這種火侯，不是人人都能輕鬆駕馭的，有的人就算極小心地顧著，沒幾日就熄滅也是很尋常的事，不過，最恐怖的是，原本的溫溫小火失控了，釀成燎原之火，可就不好收拾了。

如果雙方各是單身，自然可以進階到情人階段，但如果是已婚身分，小小的曖昧溫火毀掉一個家庭，也不是多稀奇的事。

愛情小惡魔：
一個曖昧的小動作，一句曖昧的訊息，都可能為原本穩定的感情生活帶來滔天巨浪。

愛情是份禮物，還是磨難？

每一個人都是自己命運的建築師。

——沙拉斯特

向未來預借來的甜蜜

不曉得是不是因為「真心」下得不夠重，否則每一句傳送過來的曖昧話語，怎麼都輕得落不進心底深處⋯⋯

刷卡分期付款買東西，是「向未來的自己借錢」買現在想要的東西。用曖昧戀情的方式，預先享用愛情裡的甜蜜，則「在未來的愛情借甜蜜」，來抵擋此時此刻的寂寞空虛。

在戀情發展的過程中，正常程序如以下：

朋友 → 親密的朋友 → 曖昧階段 → 告白 → 正式進入戀愛階段。

當然也有可能一開始的狀態是青梅竹馬、一見鍾情，或者是初次見面便互有好感，直接進入短暫的曖昧階段後，彼此把感情說開，正式進入戀愛階段。

但現代流行的模式，卻是⋯⋯

朋友 → 親密的朋友 → 曖昧階段 → 雙方沒有人主動告
白，別人卻以為兩人已經在交往 → 依然是曖昧階段 → 一
致對外宣稱「我們是好朋友」→ 一直都是曖昧階段 → 某方
突然在FB上宣告已與某某某交往，另外一方錯愕不已？！

　　曖昧階段原本是戀愛過程中的一環，重點工作在於「彼
此試探」，目的在於如果對方對自己無意，還可以即時懸崖
勒馬，以免戀人做不成就算了，最後居然連朋友都做不成那
就太得不償失了。

　　沒想到昔日宛如愛情過客般的曖昧階段，如今竟演變成
一種獨特的戀愛風格，今天A和5個女人同時搞曖昧（其中
一個是B），B便和7個男人同時搞曖昧（其中一個是A），
最弔詭的是有時候A和B還能知道另外5人、7人的存在。

　　也許曖昧戀愛比起正式戀愛熱鬧了一點、人多了一點、
自由了一點，可是這樣的戀情怎麼總散發著一股淡淡的寂寥
味道？

　　不曉得是不是因為「真心」下得不夠重，否則每一句傳
送過來的曖昧話語，怎麼都輕得落不進心底深處……

愛情小惡魔：
專情，是從豐富的愛情中生出來的資產。

愛情是份禮物，還是磨難？

貞操，是從豐富的愛情中生出來的資產。

——泰戈爾

男人、女人誰比較
容易自作多情？

Alice的腦子裡曾閃過千軍萬馬般的念頭，裡頭偏偏就是
沒有學長將來會突然會跟自己告白這一條，不過，不管
Alice有沒有想過並不要緊，要緊的是後來這件事真的發
生了。

Alice的筆電最近常常當機，而且頻率越來越頻繁，從
原本一星期一次到一天一次，就像孕婦快要臨盆一樣，陣痛
越來越密集。

某次，當機慘案居然發生在她快要完成報告的那一秒鐘
時，她徹底傻眼，瞪著動也不動的電腦螢幕，心中發出慘絕
人寰的哀嚎。

這下子她終於忍無可忍，心裡很清楚如果相同情況再來
一次，她會徹底崩潰掉入無止盡的地獄深淵裡，於是Alice
趁假日回家看父母時，收拾筆電，打算帶回家去送修處理。

巧就巧在，Alice正打算坐上校車到山下時，居然和學長在校車上碰見了。預見了認識的人，兩人很自然坐到一塊兒去，一路從「要回家啊」聊到「拿筆電回家不會很重嗎」。

　　結果，Alice把筆電壞掉的事情說了一遍，聽完後，學長自告奮勇要幫她修電腦，Alice腦子裡第一反應是——電腦裡有沒有存了什麼私密不雅照？確認沒有後，心頭又冒出另外一個疑問。

　　如果請學長幫忙修電腦，自己不就欠對方一次人情？不過，她可以起學長吃個飯，當作答謝，這樣應該夠意思了吧。

　　看著學長信心滿滿的模樣，Alice最終選擇把筆電交給學長幫忙修理，心中也打定主意一定要回禮，至少不能讓學長白修電腦。

　　這時候Alice的腦子裡曾閃過千軍萬馬般的念頭，裡頭偏偏就是沒有學長將來會突然會跟自己告白這一條，不過，不管Alice有沒有想過並不要緊，要緊的是後來這件事真的發生了。

（未完，待續）

愛情小惡魔：

A眼中的純友誼，有時候卻是B眼中的曖昧情愫，他們都沒有看錯，只是他們都只看到了自己想看的部分。

愛情是份禮物，還是磨難？

所謂高品質人生，其實就是平衡不斷遭到破壞和重建。

——趙鑫珊

一個想天，一個思地

當Alice從餐廳裡走出來，心裡想的是：一報還一報，他們倆從此互不相欠了。但學長從餐廳裡走出來時，心裡想的卻是——有來有往，他們倆從此可以往下一階段邁進了。

自從學長幫忙修了電腦之後，Alice請學長吃了一次飯，吃飯時，兩人閒聊之間知道學長正在努力考取研究所，受了學長幫忙修電腦的恩惠，Alice馬上以茶代酒好好幫學長加油打氣一番。只是——後來學長怎麼好像常常傳來關心簡訊，又三不五十給她送來好吃的蛋糕、新鮮的水果，直到這時候Alice才遲鈍嗅出情況不妙！

沒想到，數日後學長挑在聖誕節這一天，用寫卡片的方式跟她告白了。收到卡片跟小禮物的Alice，苦思了整整一個禮拜，最後才以非常小心的態度，婉拒學長的感情。直到事過境遷N年後，Alice縱然想破腦袋還是想不出個道理

來，學長怎麼會跟自己告白了？自己從頭到尾除了因為筆電的事，請學長吃過一次飯後，就再也沒有「特殊關懷」過他了啊？不過，以上想法，只是Alice單方面一廂情願的看法。

　　至於學長那顆腦袋裡，想的可不是妳一來、我一往的「互不相欠」關係，而是他突然發現學妹的需要，而學妹也表示好感，不僅請他吃飯，甚至還在用餐期間聽他聊未來理想，甚至很用力地鼓勵他。

　　當Alice從餐廳裡走出來，心裡想的是：太棒了，一報還一報，他們倆從此互不相欠了。但學長從餐廳裡走出來時，心裡想的卻是——太棒了，有來有往，他們倆從此可以往下一階段邁進了。

（未完，待續）

愛情小惡魔：
災難，是愛情的第一程。

愛情是份禮物，還是磨難？

災難，是真理的第一程。

——拜倫

男人還是
不敏感一點比較好

女性的敏感度比男人強，這句話放到各種背景前來看，
基本上都不會錯得太離譜，唯獨有一個地方，男人的敏
感度比女人強……

Alice自認沒有做出什麼會讓人誤會的舉動，為什麼學長會開始大興土木，展現追求之意呢？這一切，其實並非空穴來風，而是男人「容易想太多」所導致的。

以一般情況來說，女性的敏感度比男人強，這句話放到各種背景前來看，基本上都不會錯得太離譜，唯獨有一個地方，男人的敏感度比女人強，這個特別不一樣的地方就是——愛情戰場上。

男人關心女人：
女人的看法是——A男真是個細心又體貼的好人。

（PS：這就是男人常收到好人卡的根本原因）。

男人的看法是──我對妳好，是因為我想追妳，想要跟妳有進一步的交往跟認識。

女人關心男人：

女人的看法是──我關心你，只是出於單純善意，其實並沒有其他意思。

男人的看法是──B女這麼關心我，大概是在向我表示好感吧？身為男人的我，該是急起直追的時候了。

看完以上分析，只能說在愛情的世界裡真不是普通等級的造化弄人，金星人與火星人要相知、相愛到白頭，沒有一點運氣跟祖上積德庇佑，恐怕難以成事。

愛情小惡魔：

男人與女人之間的戰爭，在被愛恨情仇被掀起波濤洶湧之前，渾然迥異的思考模式，早就為將來的征戰埋下最明顯的伏筆。愛情，也是一條艱險的峽谷呐。

愛情是份禮物，還是磨難？

生命是一條艱險的峽谷，只有勇敢的人才能通過。

──米歇潘

地球上
打最久的一場戰爭

總結以上數篇結論，男女不只來自兩個不同的星球，我們還擁有不同的認知、不同的解讀方式、不同的核心價值……難怪男女之間的戰爭，是地球上持續最久的一場征戰。

男女之間的大不同，除了在「是關心，還是示好」上，有著天南地北的差異之外，連對自己表示好感的人是誰、整體數量究竟有多少，也有很大的不同思維。再把Alice跟學長請出來當作示範。

學長心態：管它是三姑還是六婆喜歡我，一個人喜歡我，不如兩個人喜歡我，三個不如四個，四個不如五個，以此類推。喜歡我的人自然是越多越好，越多代表我越受歡迎，人氣強強滾！

心態核心：是誰喜歡我其實並沒有那麼重要，愈多人喜歡我越好，「數字多寡」代表一切。（也許這跟男性比較容易自作多情有相關。）

Alice心態：如果是整天閒晃、生活懶散的張三或李四喜歡我，我寧願他們不喜歡我。這種感覺就像小時候被班上最討人厭男生喜歡上的女生，其他女生總會抱以同情的目光看著她，一邊暗自慶幸對方喜歡的人不是自己。

心態核心：數字多寡不重要，「重質」不重量才是王道，最最重要的是——白馬王子有沒有對我表示好感。

總結以上數篇結論，男女不只來自兩個不同的星球，我們還擁有不同的認知、不同的解讀方式、不同的核心價值⋯⋯難怪男女之間的戰爭，是地球上持續最久的一場征戰。

愛情小惡魔：
回應樓下德謨克裡特的話，所以這就是愛情存在的最終秘密目的嗎？

愛情是份禮物，還是磨難？

能使愚蠢的人學會一點東西的，並不是言辭，而是厄運。
—— 德謨克裡特

愛情裡頭的另一半

一個美麗的愛情並不能使我們感到幸福，
除非我們擁有一顆裝滿希望與對愛嚮往的心。

在這一章節裡，我們看了太多愛情小惡魔高舉「愛情是份磨難」的牌子，幾乎就要以為愛情本身就是磨難的代名詞，或者是一場場永遠也不會打完的零星小戰爭。

但如果愛情真的只有這樣，就不會有那麼多人前仆後繼、背著身上的舊傷不斷積極尋找新的戀情。愛情，是一種最弔詭的東西。

當我們的手碰到火時，本能反應就是立刻彈回手，並在下次看見燙人的火時，打死都不會再伸手去碰觸烈火。但愛情恰恰相反。

愛情，是一種即使知道它會讓人痛、讓人受傷、讓人掉眼淚，我們依然還是想要擁有的東西。這一點，跟希望有點像。希望，是一種有點抽像、好像沒有什麼實質幫助的東西，但我們另一方面又時常懷抱希望，努力希望。

　　在愛情裡頭的另一半，不是法律，不是社會規範，更不是利益考量，而是「希望」。而希望來自我們的內心深處，擁有一顆懷抱希望與愛情的心，是得到真愛的重要關鍵。

　　一個美麗的愛情並不能使我們感到幸福，除非我們擁有一顆裝滿希望與對愛嚮往的心。

愛情小天使：
只要我們不放棄追尋真愛，
真愛就絕對不會放棄我們。

愛情是份禮物，還是磨難？

一個美麗的家庭並不能對你發生作用，除非你有一顆美麗的心。

——海倫。凱勒

勵志雲 17

出 版 者／雲國際出版社

作　　者／典馥眉

總 編 輯／張朝雄

封面設計／黃聖文

排版美編／YangChwen

出版年度／2014年10月

找到真愛的
100
句話

THE PSYCHOLOGY
OF LOVE

郵撥帳號／50017206 采舍國際有限公司
（郵撥購買，請另付一成郵資）

台灣出版中心

地址／新北市中和區中山路2段366巷10號10樓

北京出版中心

地址／北京市大興區棗園北首邑上城40號樓2單
元709室

電話／（02）2248-7896

傳真／（02）2248-7758

全球華文市場總代理／采舍國際

地址／新北市中和區中山路2段366巷10號3

電話／（02）8245-8786

傳真／（02）8245-8718

全系列書系特約展示／新絲路網路書店

地址／新北市中和區中山路2段366巷10號1

電話／（02）8245-9896

網址／www.silkbook.com

找到真愛的100句話／典馥眉著. -- 初版.

-- 新北市：雲國際, 2014.10

面；　公分

ISBN 978-986-271-523-9(平裝)

1.格言

192.8

103011720